著者 ヒラリー・フランク
Hilary Frank

監修 竹下 譲
Yuzuru Takeshita

目　次

まえがき（この本の特色と解説）

自治体議会政策学会会長
竹下　譲

議員のあり方を考えさせる！

面白い。実に、面白い本である。地方議員の活動を解説する本で、これほど面白い本はないのではないか。これを読んでいると、自然に、イギリスの地方議員が何をしているか、理解できる。イギリスの地方議員は「すごいなあ」と実感もする。それだけではない。これこそ、地方議員ではないかと思えてくる。

日本の地方議員もこうした活動を取り入れていけば、住民から「何もしていない」という批判を受けることがなくなるのではないか。それどころか、高い評価も受けるのではないだろうか。

とくに、後半の2014年・15年の活動記録は、日本の地方議員にとって、もちろん研究者にとっても、大いに参考になる記録であるが、それ以上に、びっくり仰天させられる議員活動ではないだろうか。少なくとも、私は、イギリス地方政治の研究者だと自負していたが、この後半部分を読んだときには、大いに驚かされた。興奮もした。議員には、こういう“潜在力”があったのか、と今更ながら、びっくりしたのである。

たとえば、予算編成を１年予算から４年予算に変更した経緯、あるいは、中央政府と“契約”を結んで権限を勝ち取っていくという経緯が紹介されているが、こういう自主的な行動、自発的な行動こそが、地方議員・議会の力の源泉だと実感した。これと比較すると、日本の地方議員・議会は、あまりにも、自主性に乏しいということが分かる。

法令で定められていると言われると、それに立ち向かうなどということは毛頭考えないようである。議会というのは、中央政府の指示に従って行動するという“行政”の機関ではなく、自分たちで住民のことを考えながら自主的に行動するという“自治”の機関だと思うのであるが、そうであるとすれば、この本で紹介されているイギリスの地方議員の事例を参考にして、もっと、自主的に判断し、行動するという習慣を身につけるべきではないだろうか。

そうした自主的な活動を日本の地方議員・議会もするようになれば、地方議会に対する住民の冷たい批判の目も和らぐだけでなく、逆に、地方議会を評価するようになるのではないかと思う。いずれにしろ、議会改革が盛んであるが、本当に議会改革を進めようとすれば、議員・議会とはそもそもどういう存在であるべきなのかという根本のところから考えていくことが必要である。そして、それを考える上で、本書が参考になることは確かであるが、何よりも本書の大きな特色は、分かりやすく、しかも、自然に、議員のあり方を考えさせるというところにあるといってよい。

町議と県議

実をいうと、この本の著者、ヒラリー・フランク（Hilary Frank）さんとはつきあいが長い。彼女が大学を卒業して間もない頃からの知り合いで、以後、私は、イギリスの地方政治行政の調査で、たびたび助けられてきた。そのヒラリーさんから、2010年のある日、突然、日本にいる私に電話がかかってきた。ソルタッシュ（Saltash）町の町議になったというのである。これは、私にとっては、大変な朗報であった。彼女の聡明さぶりは何度も実感していたため、議員になった以上は、きっと、イギリスの町議の実態を浮き彫りにしてくれると期待したからである。

そのため、町議としての「奮闘記」を定期的に書いてくれるように要請。それを、イマジン出版にお願いして季刊誌『実践自治 Beacon Authority』に連載してもらったのであるが、これが、想像した以上の傑作であった。何よりも文章が簡明で、私の知りたいことを適格に書いてくれていたのである。私がこの連載された「奮闘記」の大ファンになったのはいうまでもない。

ヒラリーさんは日本語が堪能である。しかし、時には、日本人には分かりにくい日本語の表現をしてくることもあった。そうしたときには、英文で説明してもらい、私が、少し日本語の手直しをした。しかし、それを、ヒラリーさんに送り返し、「これで良いか」とチェックしてもらうと、私が修正したところを、再度、ヒラリーさんが日本語で修正。そして、そのヒラリーさんの文章のほうが日本語として上手いということがよくあった。

この「奮闘記」を愛読しているうちに、またまた、朗報があった。今度は、県議に立候補するというのである。そして、見事に当選した。この選挙風景、また、町議選の選挙風景は、本書で分かりやすく描かれている。要するに、町議でもあり、同時に、県議でもあるということになったのであるが、このため、県議としての「奮闘記」も連載してもらえることとなった。私が“上機嫌”になったのはいうまでもない。本書は、この数年間にわたる労作を一冊にまとめたものである。そして、この「まえがき」(紹介文) を書くために、私は、再度、通読してみたが、その面白さに変わりがなかった。それどころか、無意識に読んでいた現象にもはじめて気づき、いまさらながら、この本のすごさに興奮しているところでもある。

イギリスの“県”とは?

ヒラリーさんが県議となっているのは、コーンウォール (Cornwall) という「県」である。ところが、日本語のインターネットなどで調べてみると、出てくるのは「コーンウォール“州”」である。「コーンウォール“県”」というのは見あたらない。

このことから想像できるように、ヒラリーさんは、この「コーンウォール州」の議員なのである。しかし、ヒラリーさんは、“州”ではなく、“県”という表現をしている。これは、“州”という表現が、イギリスの地方団体には適切でないと考えているからである。

日本人が、一般に、“州”という表現で連想するのは、アメリカ合衆国の“州”であろう。このアメリカの“州”は、公式には“state”であるが、これは、“国”を意味する。事実、アメリカの州は、それぞれ独自の憲法をもち、独自の法律を制定し、独自の裁判所をもっている。アメリカ合衆国というのは、公式の表現では、“United States of America”、日本語にそのまま訳せば、「アメリカの国々の連合体」なのである。

これに対して、インターネットなどで、イギリスの“州”とされているのは“カウンティ（county）”のことである。英和辞書でも、この“カウンティ”は“州”と訳されているが、“カウンティ”は“国”ではない。法律の制定権も持っていない。日本の“県”と同じく、イングランドのなかの“地方団体”なのである。それが、いつ頃、なぜ、“州”と訳されるようになったのか不明であるが、これは、むしろ“誤訳”というべきだと思う。

1989年のことであるが、当時、日本の自治省と自治体の共同で設立された自治体国際化協会のロンドン事務所があった。いまもあると思うが、当時の所長であった横田光雄氏のもとに、ロンドン在住の日本人学者が集まり、“カウンティ”をどのように訳すべきか検討したことがある。私も、その頃、ロンドン大学にいたので、この検討に参加し、結局、“県”と訳すべきだということになった。ヒラリーさんも、1990年代の初めに、このロンドン事務所のスタッフになっていたので、ごく自然に、“カウンティ”という地方団体に、“県”という日本語をあてているのだと考えている。

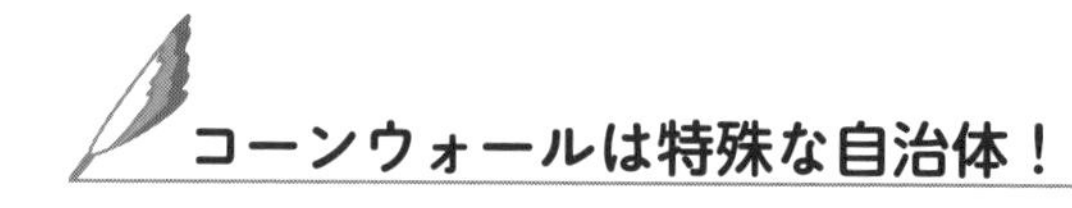

コーンウォールは特殊な自治体！

とはいうものの、正確に言えば、いまのコーンウォールは“カウンティ（county）”ではない。2009年までは、正真正銘の“カウンティ”であった。その下に、日本の市町村に該当する6つのディストリクト（district）があり、コーンウォール・カウンティ（県）とこの6つのディストリクトで地方行政を担っていた。

しかし、2009年に、これがひとつに統合され、現在の統一自治体（Unitary Authority）となった。コーンウォールの声を一本にして、中央政府に対する発言力を強めるためであったといわれているが、ヒラリーさんは、このコーンウォール統一自治体の議員であり、“県”の議員ではない。

この統一自治体については、本書を読んでいけば自然と理解できることであるが、ヒラリーさんは、この本のなかで、コーンウォールをなぜ“県”と呼んでいるかについて、次のように説明している。

「コーンウォールは、県でもなく、市でもありません。統一自治体と呼ばれている自治体です。しかし、この本のなかでは、“コーンウォール県”と表現しています。日本の皆さんには、このほうが分かりやすいと考えたからです。わたしは、このコーンウォール統一自治体の議員をしています」。

ソルタッシュ町（タウン）とは？

ヒラリーさんが町議をしているソルタッシュというタウン（町）は。1585年に当時のエリザベス女王（1世）により“自治都市”として認定された町である。そのため、いまでも、タウンの格式は高く、町長は“メイヤー（Mayor）”という称号が与えられている。

この後、ソルタッシュは、19世紀末から20世紀を通じて、「市（バラー；borough)」として機能してきた。しかし、1974年にイギリスの地方制度の抜本的な変革があり、それに伴い、周辺地域と一緒になって「カラドン市（Caradon District）」になった。

日本の場合は、市町村合併があれば、それまでの市町村は消えてしまうが、イギリスの場合はそうではない。別の“自治体”として生き残るのが普通である。ソルタッシュも、1974年の変革の後は、「タウン（town）」として生き残った。もちろん、ソルタッシュ「タウン」には議会もあり、住民に対する課税権もある。また、格式の高い“メイヤー”もいる。

とはいっても、日本の市町村のように、法律で定められた“行政”の仕事をするのは、ソルタッシュを包括する「市」、すなわちカラドン市の役割であり、ソルタッシュ「タウン」はそうした仕事はしない。ソルタッシュ町が何をするか、また、それをどのようにするか、そのためにどれだけの税金を集めるか等々は、すべて、ソルタッシュ町自身で決めるのである。ソルタッシュは、いわば純粋の“自治体”に変質したといってよいが、こういう「タウン」の位置づけは、いまの日本人には理解してもらいにくい。明治のはじめの頃、大久保利通などは、このような「タウン」とほとんど同じものに、日本の町村をしようとしたことがあるのであるが、残念ながら、大久保が暗殺されてしまったために、この構想はつぶされてしまった。

ともかく、ヒラリーさんは、こういう「タウン」の議員をしているのであり、「タウン」がどういうものなのかということは、この本を読んでいけば分かってもらえるはずである。また、こういう「タウン」であるからこそ、議員のあり方が簡明な形で現れており、日本の地方議員のあり方を考える上でも、大いに参考になるはずである。

なお、「カラドン市」は2009年に「コーンウォール県」と統合されたことは前述したが、そのため、現在のコーンウォール地方には、コーンウォール統一自治体とタウン（農村部の場合は「パリッシュ」という）の２種類の地方団体があるだけであり、ヒラリーさんは、この双方の議会の議員である。

　このヒラリーさんの議員としての体験を分析し、整理し、また、その周辺事情を説明してくれているのが、この本である。この本を読んでいけば、自然に、日本の地方議員のあり方を考えるようになると信じているが、何よりも、面白い。これが、この本の特色である。

第 *1* 章

イギリスのソルタッシュ町議員編

2011年〜2013年

実践自治　Beacon Authority
Vol.46〜Vol.54 掲載

第１節　立候補と選挙運動

1 ソルタッシュ「町（town）」

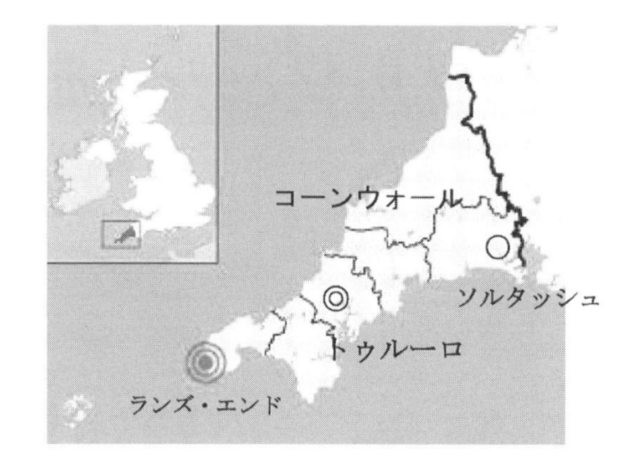

私はイングランド西南部コーンウォール県（Cornwall）のソルタッシュ（Saltash）という町に住んでいます。人口は16,000人ちょっとの町で、美しい景色と“コーンウォールへの入り口”として知られています。2010年の11月の補欠選挙で、私はこの町の議員に選ばれました。このときの選挙は、胸がわくわくするエキサイティングな出来事でしたが、正直に言えば、私はかなり“イライラ”していましたし、選挙から逃げ出したいと思うことがしばしばありました。この奮戦記では、こういう選挙の経験、それから議員になってからの奮戦ぶりを書いていくつもりですが、その前に、ソルタッシュという「町（town）」はどのような自治体なのかを説明しておきたいと思います。

ソルタッシュは非常に古い町で、記録に残っている限りでは、既に1225年に、国王からチャーター（charter）をもらっています。チャーターというのは、日本語に訳せば“特権付与状”とでもなるでしょうか、ソルタッシュの町と住民に、自治権を与えるものです。後には、こういう町は“自治都市（municipal borough)”として知られるようになりましたが、ソルタッシュもこういう“自治都市”として、長い間、存続してきました。しかし、1972年の地方自治法（Local Government Act）の制定により、“自治都市”が廃止されてしまいました。自治体の統合が行われたからです。ソルタッシュの町が位置するコーンウォールの場合で見ますと、コーンウォール県（County Council）のなかの自治都市や市（borough）・町（urban districts）・村（rural districts）が６つのディストリクト（Districts Councils）に統合されてしまったのです。日本流にいえば、このディストリクトは、いまの日本の「市」のようなものだと思います。

日本でも、最近、大々的に市町村合併が行われ、市の面積も人口も大きくなったようですが、合併をすると、それまでの市町村は消えてしまうと聞いています。しかし、イングランド[1]ではそういうことがありません。“自治都市”ソルタッシュは、ディストリクト（District Councils）の一部になったことは事実ですが、“自治体”としてのソルタッシュは“タウン（町)”という形で生き残ったのです。“タウン（町)”は、農村部に存続していたパリッシュ（Parish Councils）と同じ自治体であると位置づけられました。というよりも、公式にはパリッシュだというほうが正しいと思います。その結果、その後も、議会は設置され、徴税権も残りましたが、行政権限は、“自治都市”の時代に比べて、当然のことですが、大幅に制約されるようになり

ソルタッシュ役場

ました[2]。"自治都市"の行政権のほとんどがディストリクト（District Council）に移ってしまったのです。ただ、そうはいいましても、ソルタッシュのようなタウン（町）は、1974年以後も、自治体として、それなりの機能を果たしてきたといってよいでしょう。

イングランド全体では、こういうタウン（町）は300あるといわれていますが、これらのなかには、もともとは"自治都市"であったところもあれば、町（urban districts）として位置づけられていたところもあります。自治体のなかでは、格付けが非常に高い"市（city）"というステータスを国王から与えられていたところもありました。たとえば、皆さんのなかには、ローマ時代の遺跡が濃厚に残っているということで有名なチチェスター市（City of Chichester）に旅行した人が居るだろうと思いますが、このチチェスターは現在でも"市（city）"という名称のもとに高い格付けをされています。その議会の議長は、メイヤー（市長）という名称のもとに、格式が高い役職者として尊敬されていますが、このチチェスター市は、公式には、パリッシュなのです。ちなみに、チチェスターには、"市（city）"と"ディストリクト（district）"の2種類の自治体があり、日本の「市」にあたるのは"ディストリクト"のほうです。

ところで、コーンウォールでは、最近、2009年4月1日に、県とディストリクトが一緒になるという大変革が行われました。コーンウォール"統一自治体（Unitary Authority；UA）"が出現し、県と市の両方の機能を担うことになったのです[3]。その結果、いまは、コーンウォールには、自治体としては、統一自治体（UA）とソルタッシュ町のようなパリッシュがあるだけということになります。いわば、それまで3層の自治体がありましたが、それが2層になったということができます。コーンウォール全体では、パリッシュは213あります。そのうち、28のパリッシュが"タウン（町）"として位置づけられていますが、ソルタッシュは、この"タウン（町）"のひとつです。また、コーンウォールでは、ひとつのパリッシュ、トゥルーロ（Truro）という人口17,000人のパリッシュが“市（city）”とされています。

2 議員の選ばれかたは？

パリッシュの議員は選挙で選ばれます。任期は4年で、報酬はありません。議員の数はパリッシュの規模によって違いますが、イングランド全体ではおおよそ70,000人の議員がいます。現在、これらの議員の平均年齢は59歳で、70％が男性だといわれています。ソルタッシュ町議会の場合も、現在の議員16人のうち、女性は3人で、リタイア（退職）者が9人います。パリッシュ議会の典型的なタイプといえそうです。

ほとんどのパリッシュは、人口規模が非常に小さいということもあって、選挙区に区分されていませんが、タウン（町）には選挙区を設けているところが沢山あります。ソルタッシュの町にも選挙区が4つあり、それぞれの選挙区で4人の議員が選ばれています。選挙の仕方は、それぞれのパリッシュで違いますが、ソルタッシュ町の選挙は、4年に1度、全議員を選ぶという選挙です[4]。

議席数よりも立候補者の数が少ないというような事態が起こったときには、議席を埋める人（議員）を議会で指名することになります。“コ・オプション（co-option）”という方法です。また、任期の途中で空席が生じたときにも、通常は、コ・オプションで、議会が新しい議員を指名します。ただし、一定のパリッシュの住民（通常は10人の住民）から選挙の要請があったときには、選挙をしないといけません。

3 補欠選挙で立候補を決意！

ソルタッシュ町の議員選挙は、最近では、2007年に行われました。通常、次の選挙は2011年ということになります。しかし、コーンウォール県では、県とディストリクトが統合され、新しく統一自治体

(UA) になるという変革があったため、ソルタッシュ町議の選挙は2013年まで延長することとされました。議員の任期が6年になったわけですが、任期がこれだけ長いと、途中で、個人的な事情で議員を辞任するという人も現れてきます。私が住んでいるピル(Pill)選挙区でも、1人の議員が2010年6月に辞任しました。そして、ピル選挙区の10人の住民から「選挙をして欲しい」という申し出がありました。これによって、選挙が行われることになりましたが、立候補したのはたった1人でした。そして、この候補者は"無投票(uncontested election)"で議員に当選しました。ところが、議員の仕事があまりにも多すぎるということで、この人は、数ヶ月後に、辞表を出してしまいました。そして、私のところに、2人の議員がやってきたのです。

もちろん、私はそれまで議員を経験したことがありません。そんな大役はとても務まるはずがないと、怖じ気づきました。

しかし、一方では、議員になりたいという気持ちも胸の底にはありました。私と夫(日本人)が7年前にソルタッシュに移り住んできて以来、町の人々に非常に親切にしてもらっていますので、そろそろ、恩返しをしなければいけない、と考えていたからです。また、日頃から、小さな子供を持つ母親の声を行政に伝える必要があると感じていたということもありました。私には、当時4歳と18ヶ月の娘がいたからです。その上、これが一番強い動機ですが、近隣(コミュニティ)のために、行政に積極的に働きかけ、その決定に影響を及ぼしたいという強い思いもありました。こうして、最終的に、立候補しようと決めました。

4 "選挙"か? "コ・オプション"か?

このときの選挙は、任期途中で、議員が辞職したために行われることになったものですから、10人の住民が投票を要請しない限り、"コ・オプション"、すなわち、議会で選出されるということになります。そして、投票を要請する住民が10人もいるとは、とても思えないような雰囲気でした。

私は2人の議員に薦められて立候補したという経緯がありますし、ほかにも、数人の議員と個人的なつながりがありましたので、気持ちとしては、"コ・オプション"に傾きがちでした。正直なところ、有権者の家のドアを一軒一軒"ノック"して回り、私に投票して欲しいと頼むなどというのは、想像しただけでも、恐ろしかったからです。

投票用紙の送付や投票数の計算など、投票の事務はコーンウォール（UA）の職員によって処理されます。けれども、ソルタッシュ町も、選挙費用として1,500ポンド（約20万円）支払わなければなりません。ソルタッシュ町議会は、数ヶ月前の6月にも、無投票でしたが、選挙を行っています。そのときも、当然、コーンウォール（UA）に1,500ポンド支払いました。今回、住民の投票と言うことになれば、またまた、公金を使わなければなりませんが、それはちょっと苦しいのではないかということも考えていました。その意味では、投票を要請する住民がいないというのは、有り難いことでした。

しかし、"コ・オプション"にはいくつかの欠点があります。たとえば、"コ・オプション"で選ばれた議員は手当を要求できませんし、町長（メイヤー）に立候補することもできません[5]。さらに、住民の投票で選出されれば、議員は、住民から代表として信任されたという確信を持つことができます。いわば、投票は、民主主義の基盤を与えてくれます。しかし、"コ・オプション"にはそれがありません。こういうことから、議員として活動するには、やはり投票してもらうべきだという思いもありました。

このように、私の気持ちは揺れ動いていましたが、結局は、投票してもらうべきだという結論に達しました。しかし、投票を求める住民の動きはありません。そこで、私自身が10人の住民を集めようと決心しました。

5 第一の関門・10人の署名集め

投票を求める要請の締め切りは、9月24日（金曜日）の午後5時でした。しかし、私は、立候補するかどうか、なかなか決断できませんでした。また、その決断をしてからも、住民の投票で選んでもらうべきか、いやいや、“コ・オプション”で議員に選んでもらうほうがいいなとか、さんざん迷っていました。そして、住民に投票してもらう勇気を持とう、自分の信念に正直になろうと決心したときには、多くの時間が費やされていました。

そのため、10人の署名を集める時間はあまりありませんでしたが、この署名集めにも、関門がありました。私の選挙区であるピル（Pill）選挙区に住所がある有権者から署名を集めなければなりませんが、この選挙区の境界線がどこか、はっきりしないという関門でした。そこで、わたしはタウン・ホール（町役場）に地図を探しに行きました。町役場といっても、ここには有給の職員がほとんどいません。行政事務は、コーンウォール（UA）で行われているからです。いわば、町役場の主役は議員だといえますので、ここでは、ピル選挙区の境界線を示す地図を見つけることはできませんでした。それではということで、図書館に行って、選挙区の地図を探しましたが、ここでも見つかりません。これには憤慨しました。結局、ピル選挙区の住民だろうと思う有権者10人から署名を集めましたが、このときには、締め切り日（金曜日）の午後4時になっていました。締め切りまであと1時間です。しかも、届ける場所は、私の家から車で30分かかるところです。交通渋滞があれば、とても間に合いません。私たちは、「民主主義を守ろう」という意気込みで車を飛ばしました。急いで、役所に飛び込みました。書類を提出したときには、幸いなことに、20分余裕がありました。“やったー！”。

それから、選挙の管理官がチェックをはじめました。署名した10人の有権者がピル選挙区に住所がある住民かどうかのチェックです。

もし、問題があれば、私たちには、修正する時間がありません。待っている時間の何と長かったことか…。

何も問題がありませんでした。コーンウォール（UA）の選挙管理官は、選挙を求める要請文書を受け付けてくれました。数日後、選挙を実施するという通知が住民に配られました。そのなかには、立候補者を求めるという告知も含まれていました。立候補の受付終了日は10月15日、投票日は11月11日と定められました。

6 第二の関門・立候補が３人！

10人の署名集めをしたとき、住民は、選挙にほとんど関心を持っていないように見えました。また、辞任した前の議員は無投票での当選でした。そのため、選挙に持ち込んだものの、他に立候補する人がいなくて、わたしの無投票当選になるだろうと考えていました。ところが…びっくり仰天でした。何と、私のほかに、2人の住民が立候補したのです。

デモクラシーということからいえば、素晴らしいことです。しかも、この2人はいずれも女性でした。ソルタッシュ町のほとんどの議員が男性ですから、女性が立候補するというのは“ワンダフル！”です。

しかし、これは選挙運動をしなければならないということを意味します。住民に候補者としての私を紹介する“リーフレット”を作らなければならないのです。また、1人の住民（有権者）に推薦してもらい、もう1人の住民（有権者）に立候補を賛成してもらうという“推薦書”も提出しなければならなくなりました。

中央政府発行の『地方選挙の立候補ガイダンス』も読まなければなりません。このガイダンスは、何と120ページもあるのです。コーンウォール（UA）が作成した『パリッシュと町（タウン）議員の立候補ガイダンス』も読まなければなりません。30ページの文書でしたが…。まさに、“助けて！”という気持ちでした。

その上、選挙運動をしなければならない10月末に、私の夫の40歳の誕生日祝いで、一週間の家族旅行を予約していたのです。こういう大変な状況のもとに、選挙戦に突入しました。

7 選挙キャンペーン

ピル（Pill）選挙区には2,000世帯が住んでいます。私たちの陣営は、選挙戦がはじまったとき、4ページの“リーフレット”を印刷しました。そして、投票日の1週間前に、新しい“リーフレット”を作りました。これも4ページでした。全部で4,000部の“リーフレット”を、2,000軒の家に、一軒一軒、配って歩いたのです。最初は、単純な作業だと思っていたのですが、実に大変な作業でした。足は棒になりました。ソルタッシュの町には、こんなに坂道があったかと思い知らされました。ほとんどの家には、広い前庭があり、“ゲート（門）”の開け閉めも、大変でした。

その上、“リーフレット”を入れようとすると、“噛みつく”郵便受けもあるのです。選挙キャンペーンが終わる頃には、足はずきずき痛み、指はひりひり…という状態でした。しかし、84歳の私の父も、さらには、4歳の娘までもが手伝ってくれたおかげで、何とか、“リーフレット”を配り終えました。

次には、戸別訪問のため一軒一軒のドアをノックし、そこの住人と話し合うという勇気を奮い起こさなければなりませんでした。最初は、恐る恐るノックしました。しかし、選挙戦が終わる頃には、堂々とできるようになりました。住民が何に悩んでいるか、何を必要としているかを分かろうとすれば、こういう話し合いが重要かつ必要だと実感したのです。

8 はらはら、どきどきの当選！

11月11日になりました。投票日です。どういう結果になるのか、私は不安でした。父と一緒に、3カ所ある投票所を見て歩きました。投票は朝7時に始まり、夜10時に終わります。直ぐに開票が始まり、11時頃に、結果発表です。

友達に私の子ども達の面倒を見てくれるように頼み、夫と父とともに、開票所に出掛けました。もちろん、テレビで何度も開票シーンを見たことがありましたが、自分が候補者になることは、これまで想像したこともありませんでした。緊張のあまり全く落ち着けません。開票所の部屋で行ったり来たりしていました。

午後10時、投票箱が持ち込まれ。カウントが始まりました。テーブルの上に鉄カゴが4つ並べられました。候補者3人分のカゴと、無効票を入れるカゴです。投票用紙は手作業で仕分けられ、それぞれのカゴに入れられました。最初の頃、私のカゴは空のままのように見えました。が、小さな子どものいる家庭が多い地区の投票箱が開けられると、みるみるうちに、私のカゴの用紙が増えてきました。かなり勝っているかな、と思ったものです。最終的には、私が獲得した票は、次点の候補者より50票多いだけでした。家を戸別訪問で回ったことが勝ち負けを決めたと言えましょう。

ハードな仕事をした甲斐がありました。私は、適切な形で、ピル選挙区の代表者に選ばれたのです。しかし、実際には、ここから、議員として、もっとハードな仕事が始まることになりました…。

注

1　日本の人たちは「イギリス」という言葉を用いますが、それによって、イングランド、スコットランド、ウェールズ、北アイルランドのすべてを意味しているように思えます。しかし、ここで述べている地方制度は「イングランド」の制度ですので、「イギリス」ではなく、「イングランド」という言葉を用いることにします。

2　パリッシュについては、竹下教授が、その歴史から20世紀末までの実態を詳しく説明しています。是非、読んでください。参照；竹下譲『パリッシュに見る自治の機能―イギリス地方自治の基盤―』イマジン出版、2000年。なお、イングランドには、こういうパリッシュやタウンが、現在9,000近くあります。これらのパリッシュは、従来は、地方圏に設置されていました。ロンドンなどの大都市圏は、もちろん、地方圏のなかでも古い都市には、自治体としてのパリッシュは設置されていませんでした。しかし、最近は、住民の要請があれば、パリッシュを設置できるようにしようという中央政府の意向が示され、1997年以後、新たに100近くのパリッシュが設置されたといわれています。

また、2010年の総選挙で、"大きな社会（Big Society)"という政策アイデアを掲げた保守党が第1党となりました。保守党は過半数を獲得することができず、自民党と連合政権を組みましたが、この連合政権は"大きな社会"というアイデアの実現を目指していました。"大きな政府"ではなく、"大きな社会"にする必要があり、そのためには、「住民とコミュニティの権限を強化するような風土をつくっていく」というわけです。これを意味ある政策として評価する人もいれば、意味のない"ごまかし（double-speak)"という人もいますが、現実に、県やディストリクトがパリッシュやタウンに権限を移す傾向が現れていることは確かなようです。また、"大きな社会"の政策の結果、ロンドンにもパリッシュを設置しようという動きが出ています。

3　このように県と市の双方の機能を担うという統合は、一般には、かなり大きな都市で見ることのできる現象です。都市が県から独立するというわけです。しかし、コーンウォールは、県がディストリクトの機能を吸収してしまったのです。この経緯については、（竹下譲・ヒラリー・フランク「自立と自治へ向けたコーンウォール地域の挑戦―イギリス自治の最前線」、『日経グローカル』No.156、2010年9月20日号、27-33頁）を見ていただければと思います。なお、コーンウォールの人口は53万人で、面積は3,565平方キロメートルです。日本の鳥取県くらいの規模だと考えてもらってよいと思います。このコーンウォール（UA）の1年間の予算は450百万ポンドで、働いている職員は22,000人です。もちろん、コーンウォール最大の職場です。

4　4年に1度の選挙をするというのは、恐らく日本の人には当たり前のことだと思いますが、イングランドでは、これが必ずしも常識的な選挙ではありません。たとえば、4年サイクルのなかで、3年間続けて選挙をし、4年目は選挙をしないというところもあります。1年目に3分の1の議員、2年目も、3年目も3分の1の議員を選挙するというわけです。また、2年ごとに、2分の1の議員が選ばれるというところもあります。

5　ソルタッシュ町は、公選の長を持っていません。統治機関としては、議会があるだけで、その議長が、町長（メイヤー）としての機能も果たしています。これは、ほかのパリッシュも同じですが、ほとんどのパリッシュは"メイヤー"を名乗る資格を持っていませんので、"議長（チェアー)"という名称を使っています。

第２節　議員の行動倫理

1 最初の手紙

激しい選挙戦をやっとの思いで終え、私は、ソルタッシュ町の議員に選ばれました。その結果が公表されたのは2010年11月11日の夜でした。その後、家族で祝杯を挙げ、友達に電話をかけつづけ、支援してくれた友達へ当選のメールを一斉に送り、外国に住む知り合いにも、“やったよ”と吉報を伝えました。気が高ぶり、とても眠れるとは思いませんでしたが、ベッドで横になっているうちに、いつの間にか眠りについていました。

翌日、目覚めると“面白い夢を見たな…”というのが、実感でした。しかし、朝、ソルタッシュ町の紋章が入った公文書の手紙が配達されてきました。宛名を見ると、「議員・ヒラリー・フランク」でした。議員として私が受け取った最初の手紙です。ソルタッシュ町の事務局長（Town Clerk）からの手紙でした。冒頭で「おめでとう」と書かれていましたが、もちろん、それだけではありません。議員として行動できるように、役場に来て、事務局長の面前で、議員就任承諾書（Declaration of Acceptance of Office）に誓約のサインをし、また、利害関係登録（Register of Interests）の誓約をして欲しいという内容でした。この議員としての最初の手紙は、大事にしまい込んでいます。

2 議員就任と倫理規範の遵守

議員に就任するには、私の能力と判断力を最大限に発揮して、議員としての義務を誠実に果たすことを誓わなければなりません。これが議員就任承諾書にサインするということの意味です。また、ソルタッシュ町議会の倫理規範（Saltash Town Council's Code of Conduct）を遵守するという意思表明もしなければなりません。

この倫理規範の導入は2000年の地方自治法（Local Government Act）によって定められました。イングランドとウェールズの自治体関係者の行動をいっそう誠実なものとし、倫理意識を高めるためです。この2000年法は、自治体が維持するべき倫理規範の基本的な内容も定めていましたが、2007年になると、中央政府によって任命された「地方政治家の資質向上のための委員会（Standards Board for England）」が倫理規範のモデルを示すようになりました。その結果、イングランドの自治体は、どの自治体も、このモデルに従って、それぞれの倫理規範をつくっています。ソルタッシュ町も同じです。このソルタッシュ町の倫理規範は、何と、32ページにわたって記載されていますが、議員の行動に関する主な基本原理を例示してみますと、次のようなことが記述されています。

・秘密がないこと；

議員は、議員として、また議会で行動する場合には、その行動を、可能な限り、オープンなものにしなければならない。また、何故そういう行動をしたかという理由を、何時でも、示せるようにしておかなければならない。

・誠実・高潔であること；

議員は誠実さや高潔さが疑われる可能性のある状況に身を置いてはならない。議員にふさわしくない行動もしてはならない。不作法に見える行動もするべきではない。

・**アカウンタビリティ（責任）；**

議員は、説明すれば、住民に納得してもらえるような行動をしなければならず、また、住民に納得してもらえるような形で、それぞれの業務を遂行しなければならない。

・**中立であること；**

議員は、人事の任命、業務委託を決定する場合、あるいは、表彰や特典の授与などの推薦をする場合、対象者の業績にもとづいて公平に行わなければならない。

・**リーダーシップ；**

議員は、これらの原理を率先して行い、模範を示すことが必要であり、それによって、住民の信頼を獲得し、倫理規範が遵守され、支持されるようにすることが必要である。

・**無私無欲；**

議員は、その仕事を、住民の利益のためにのみ行わなければならない。如何なる人に対しても、不適切な利益を与えてはならず、また、不利益を被らせてもならない。　…等々。

このように、議員が遵守するべきことが、倫理規範に、32ページにわたって定められているのです。こういう倫理規範を読破して理解した上で、その遵守を誓うようにと求められましたが、32ページを直ぐに消化するなんて、“とてもできない”と思いました。しかし、幸いなことに、「ポケット版」がありました。このポケット版は、「いばってはならない」、「秘密の情報を漏らしてはならない」、「議員としての立場を利用して利益を得てはならない」、「ソルタッシュ町の財源を不適切に消費してはならない」、等々、私が、議員として、してはならないことを要約してくれていました。

ソルタッシュ町はコーンウォールという県にありますが、住民は、議員がこれらの倫理規範に従っていないと考えるときには、コーンウォール県議会（Cornwall Council）に訴えることができます。コーンウォール県議会には、この訴えを受理する義務があるわけです。そして、ソルタッシュ町の議員が倫理規範に違反していると判断する場合には、県議会は、その町議を処罰することもできます。

ちょっと怖かったですが、私は、深呼吸をして、心を静め、議員就任承諾書にサインをし、また、倫理規範に従うことを誓いました。

3 倫理規範との決別か？

こういう大変な思いをしたのは2010年11月でした。ところが、その直後に、中央政府によって、「地方主義法案（Localism Bill）」が国会にかけられたのです。この法案が可決されると、地方政治家の資質向上のための委員会は廃止され、全国一律の倫理規範制度もなくなります。この法案は、地方自治体に大きな自立権限を与えることをねらいとしています。そして、住民のコミュニティが地方自治体の決定をもっとコントロールできるようにしようという考えのもとに、住民にレファレンダム（住民投票）を提唱するという権限を与えようとしています。レファレンダムによって、住民の直接的な意思で地方の重要問題を決めることができるようにするというわけです。これによって、住民は、地方税の過度な引き上げを阻止することができることにもなります。これらの法案のねらいはもちろん価値があるといえます。しかし、その一方では、いくつか気にかかる点があることも確かです。

第１に、倫理規範が気にかかります。「地方主義法案」では、町議会の議員に対する強制的な論理規範が定められていません。その代わりとして、「地方主義法案」は、それぞれの町議会が議員の行動について定めた“取り決め”を住民に公表することを要請しています。しかし、この取り決めは任意のものですので、議員はそれに従って行動しなければならないという強制力がありません。コーンウォール県の町議会やパリッシュ議会の連合組織である自治体協議会（The Cornwall Association of Local Councils）も、如何なる時でも協力し合うという義務が議員にない以上、この取り決めはあまり実効力がなく、役に立たないだろうと考えています。

第２に、これまで倫理規範のモデルをつくってきた「地方政治家の資質向上のための委員会」が廃止されることになるという点が気にかかります。この委員会は中央政府によって任命された委員で構成されていますが、こういう機関が地方議員の行動を規律するのは地方主義の原理と矛盾すると、中央政府は考えたのです。しかし、この委員会の廃止は、地方議員に対する住民の不満を検討するという法的責任を持った第３者委員会（あるいは外部機関）が存在しなくなるということを意味します。その上、町に大きな財政負担を強いることにもなります。たとえば、ソルタッシュ町の場合、現在（2010年）は、町議に不満がある住民はコーンウォール県に対して文書で訴えるという仕組みになっています。県には、それを受理し、県議会の倫理委員会でその訴えを検討しなければならないという法律上の義務があるのです。そして、倫理委員会は、訴えがあってから20日以内に、予備審査の結論を出すことになっています。この予備審査の後、本格的な審査にはいるのですが、予備審査で問題なしという結論になることもあります。また、中央政府の「地方政治家の資質向上のための委員会」にその審査を任せるという結論を出すこともあります。これらの審査に要する費用は、すべてコーンウォール県の負担です。

ところが、今度の「地方主義法案」は、このような県の役割を義務づけていません。そのため、コーンウォール県から、問い合わせがありました。現在のように、県が訴えを受けるという役割を続けるとすれば、県の担当職員の賃金として1時間当たり80ポンドの費用を町に負担してもらうことになりますが、それで良いかという問い合わせです。県の予備審査にはおおよそ10時間かかります。また、本格審査にはいると、5,000ポンド近くの費用がかかるといわれています。そのため、ソルタッシュ町がこの県の提案に同意し、しかも、1年間に数件の不服申し立てをするというようなことになれば、町として大変な財政負担を強いられることになります。恐らく、町税の引き上げをしなければならなくなるでしょう。

ソルタッシュ町議会は、先日、この県の提案を受け入れるべきか否か、本会議（full council meeting）で審議しました。そして、町としては、この提案を受け入れたくないという決定をしました。

「地方主義法案」はまだ法律になっていません。下院を通過しただけです。しかし、上院でも、2011年6月には、上院の第三次検討を終えました。恐らく、2011年末には法律になることでしょう。そのため、ソルタッシュ町では、これまでの仕組みに代わる何か良い方法がないかどうか、検討していこうという結論を出したのです。コーンウォール県の自治体協議会（The Cornwall Association of Local Councils）が県の提案よりも良い方法を見つけてくれるのではないかと期待しながら…。

4 議員の利害関係・関心事の登録

さて、議員就任承諾書にサインし、倫理規範への誓約はおわりましたが、まだ、次の手続きがありました。私の仕事や資産、所属している団体や組織など、私の利害関係を宣言し、それを登録しなければならなかったのです。これは、住民や同僚議員が私の利害関係や関心事を知り、私がどういう利害の板挟みになる可能性があるかを予測できるようにするためです。また、議員の判断が本当に公平で誠実なものであるかどうかを、住民が判断するための視点にもなりますので、この利害関係の登録はすべての地方議員が行うことになっています。この登録簿のコピーは、住民がいつでもそれを見ることができるように、ソルタッシュ町の役場にファイルされていますが、原簿はコーンウォール県に保管されています。これは、コーンウォール県が、法律で、ソルタッシュ町などのパリッシュや町（タウン）の監視役として位置づけられているためです。

ところで、前述の「地方主義法案」が実施されることになりますと、コーンウォール県はソルタッシュ町などの監視役として行動することが義務づけられなくなります。そのため、ソルタッシュ町議会は自分たちを監視する職員を任命することが必要となり、また、議員の利害関係の登録簿をソルタッシュ町で保管しなければならなくなります。さらに、「地方主義法案」では、議員が偽りの登録をしたときには、それが犯罪行為になると定められています。

5　英霊記念日（Remembrance Day）のパレード

私が当選した直ぐ後、11月14日の日曜日でしたが、公民としての最初の職務がありました。11月11日はイギリスの英霊記念日（Remembrance Day）、戦争で亡くなった軍人を追悼する日です。私たちの町では、11月11日に最も近い日曜日に、町の中心から、追悼式が開かれる教会までパレードが行われます。パレードの参加者は250人ほどです。そして、タウン・サージェント（Town Sergeant）と呼ばれる2人に導かれ、正装を身につけた町長（Mayor）夫妻を筆頭にして、その後に、配偶者を伴った議員が続き、そして、住民がパレードするという形で進みます。

職杖をもったタウン・サージェント

このタウン・サージェントと呼ばれる地位は16世紀まで遡ることができます。当時のサージェントは法と秩序を守るという非常に重要な役割を果たしていましたが、時代とともに、その役割は変わり、現在は、法と秩序を守るという役割は担っていません。現在のタウン・サージェントは、町の儀式で、すべての住民の行進の先頭に立ち、住民の威厳を代表するという役割を果たしているだけです。タウン・サージェントはそれぞれ職杖（しょくじょう）（mace；メイス）を持って行進の先頭を歩みます。この職杖（メイス）というのは、金属もしくは木でつくられ、高価な飾り付けを施された杖で、元々は、武器として、あるいは、権威の象徴として用いられた長い杖に由来するといわれています。私たちのソルタッシュ町の職杖（メイス）は、純銀の1メートルもある杖で、バラ、シロツメクサ、アザミ、ドングリが装飾された、とても魅力的なメイスで、17世紀につくられました。

このパレードの日、私の夫は先約の仕事がありましたので、父に夫の代理をしてもらい、私と肩を並べて行進しました。昔のことですが、イギリスに兵役義務があった頃、私の父は、3年間、近衛兵として活躍しました。そのときに着ていた制服のネクタイ（tie）をいまも大事にしていますが、今回のパレードでも、これを誇らしげに身につけていました。このパレードでの行進は、私にとって、本当に特別な時間でした。何しろ、近衛兵のネクタイを身につけ、背筋を伸ばし、プライドを持って歩いている父の傍を、住民に選ばれた代表として行進したのですから…。

教会に着くと、先ず、パレードに参加した住民が教会に入り、席を占めました。その後、町長、議員が入り、最前列の席に座る…という予定でした。しかし、新人議員である私は父とともに、この議員集団の最後尾にいましたので、前列の席に着いたときには、もう座る隙間がありませんでした。結局、教会の後ろ側の側廊に座るという羽目になってしまいましたが、その直ぐ後、私が議員に当選したことを知らない父の友人が、父のところにやってきて、「来るのが遅すぎるよ。

ちゃんとした席があればいいが…」と話していました。笑ってしまいますね！

6 議員は何をするか？

さて、公民としての最初の仕事であるパレードが終わりました。次は、いよいよ、議会で活動しなければなりません。そのためには、ソルタッシュ町議会が実際に何をしているのかを理解し、その上で、私が議会で何をしたいかを決めなければなりませんでした。

イギリスでは、ソルタッシュ町議会のようなパリッシュ議会（あるいはタウン議会）は、近隣の生活レベルの向上に責任を負っています。その業務は、大きくは、次の３つのカテゴリーに分けることができると思います。

・地域のコミュニティを代表すること。

・地域のニーズを満たすサービスを提供すること。

・町や村の生活の質を高めるために尽くすこと。

とは言いましても、すべてのパリッシュ議会（タウン議会）が同じ仕事をしているというわけではありません。小さなパリッシュは財源が非常に少なく、そのため、その仕事量も非常に少ないのに対し、大きなタウン（町）議会は小さな市（district councils）に匹敵する仕事をしています。ソルタッシュ町議会が実際に行っているのは、コーンウォール県との連絡調整、警察との連絡調整、歩道の整備、ベンチの設置、ゴミ箱の設置、墓地の維持・管理・規制、観光宣伝、バス待合所の設置、駐車場の整備、町税の額の設定…等々です。これらの業務は、すべてが、議会の本会議（Full Council）で審議・検討される

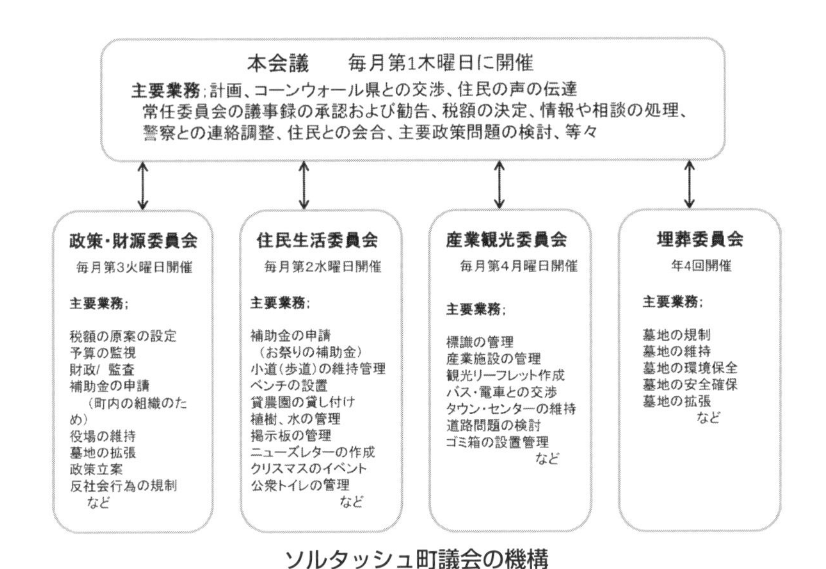

ソルタッシュ町議会の機構

わけではありません。多くの仕事は常任委員会で処理されています。これらの仕事の配分を図示してみますと、**上図**のようになります。

ソルタッシュ町議会の議員は16人です。これらの議員は、本会議（full council）に出席しなければならないのは当然ですが、そのほかに、2つの委員会（committee）の委員になることが求められています。委員会の構成人数はおおよそ10人です。日本では、委員会は、本会議の予備審査をするところだと聞いていますが、本当でしょうか。ソルタッシュ町議会の委員会は、それとは異なり、委員会の審議だけで結論が出されます。もちろん、税額の決定など、とくに重要だと思われることは、委員会で原案をつくり、本会議で決定することになっていますし、委員会の議事録は本会議でチェックすることになっていますが、原則的には、委員会は本会議から自立して審議しています。言い換えれば、委員会の決定が、町議会としての決定となるわけです。

本会議と委員会の会議はともに住民に公開されています。また、住民の質問時間が設けられており、この時間には、住民は誰でも質問することができます。本会議で議長になっているのは町長（Mayor）です。委員会にはそれぞれ委員長（Chair）と副委員長（Vice-Chair）がメンバーから選ばれています。事務局長（Town Clerk）はすべての会議に出席します。この事務局長はわれわれの町の首席の職員です。議員は会議で法律上の位置づけなどが分からない場合、事務局長からアドバイスを受けます。また、事務局長は、会議の議事録もとっています。この議事録は、後に、すべての議員の閲覧に供され、また、ソルタッシュ町のウェブサイトで公表されます。

7　所属する委員会の選定

私が補欠選挙で議員に選ばれたためだと思いますが、それぞれの委員会の活動を観察し、その上で、どの委員会に所属するかを私自身で決めるということになりました。与えられた期間は２か月です。その２か月間で、議員には、大きくいって、３つの分野の業務があるなと思いました。

第１に、意思決定という業務です。すなわち、ソルタッシュ町の議員は、同僚議員とともに、どの活動を支援すべきか、どこにお金を使うべきか、どういうサービスを提供するべきか、等々をしっかり議論したうえで決定しています。

第２に、監視（monitoring）という業務があります。すなわち、議員は、自分たちの決定が効果的・効率的なサービスの提供をもたらすように、常に監視しています。

第３に、地域と関わり合いを持つという業務があります。すなわち、議員は、地域の代表として、選挙区の住民そして地域の組織に責任がありますので、いつも、交流をしています。

こういう業務（あるいは責任）を担っているため、議員は、本会議や委員会に出席するだけではなく、非常に忙しい日々を送っているということに直ぐに気づきました。たとえば、地域の集まりには出席しなければなりませんし、警察の会合などのように、住民に影響があるような会議にも参加しなければなりません。町議会やパリッシュ議会の合同会合にも参加しなければなりませんし、コーンウォール県で住民に関係がありそうな事を決める時には、ソルタッシュ町の住民のために、県議会に行って意見を述べることもあります。また、ソルタッシュ町の議員は、議会の本会議が終った次の土曜日に、町のメイン・ストリートに出掛け、そこで、通りがかりの住民の人たちといろいろな問題について話し合うということをしています。

ソルタッシュ町には、幸いなことに、数多くの献身的な議員がいるというということにも、直ぐに気づきました。一人の女性議員は、議員を 25 年間も務めていますし、一方では、1986 年生まれの非常に若い女性議員もいます。但し、議員 16 人のうち、13 人は男性議員で、9 人はリタイアした人々です。こういう様々な議員が議会の会議で展開する討論は、生き生きしています。的を射た意見や反論がほとんどで、公明正大なものです。政党の方針に沿った意見を表明するような議員はいません。むしろ、ソルタッシュのことを考えて発言しています。

こういう会議を見ていますと、どの委員会も面白そうで、所属する 2 つの委員会を選ぶのは、なかなか大変でした。しかし、最終的には、先ず、政策・財源委員会（Policy and Resources Committee）を選びました。この委員会のメンバーになれば、ソルタッシュ町の政策の全体像が分かると思ったからです。それからもう一つの委員会としては、私にはいろいろなイベントを組織したという経験があり、また、人々と一緒に行動するのが好きだということもあって、住民生活委員会（Civic Amenities Committee）を選定しました。

この 2 つの委員会、そして、本会議で私がどういうことをしているのか…これは、次節で、説明したいと思います。

第３節　住民の意見と町の決定 ―本会議の審議

1　本会議で“お祈り”？

当選後、初めての本会議（全体会議；full council meeting）がはじまることになりました。この本会議が始まる１週間前に、町の事務局長から議事日程を知らせるメールが送られてきました。私たちは、この議事日程をアジェンダ（Agenda）と呼んでいますが、項目だけではなく、若干の内容説明も含まれていました。

私にとっては、何しろ、初めての議会ですから、神経質なほど気をつかって、このアジェンダを読みました。最初の項目は“お祈り”でした。一瞬、「ん？」と思いましたが、すぐに“ピン”ときました。イギリスは国教会をもっていますので、議会も宗教的な儀式をしなければならないのです。そのため、町長が、代わるごとに、ソルタッシュの教会のなかから、司祭を選びます。そして、本会議を開く際には、いつも、この司祭（the Mayor's Chaplain）のもとで、最初に神に“お祈り”を捧げるというのです。

次の項目は“議長報告（Chairman's Report）”でした。ここで、それまで、議長について、誰も、話をしてくれなかったことに、はたと、気づきました。議長って、誰だろう…。

議長席に着いたのは、町長（メイヤー；Mayor）でした。これには驚きました。町長は、祭りのオープニングや学校訪問などの行事で、町を代表するという儀式的な役割を果たしている人だと考えていたからです。いまの町長も、町を代表して出席しなければならない行事が週6回はあると、私に、話していました。しかし、町長は、これだけではなく、議会の審議を取り仕切るという仕事もあったのです。このため、町長は、毎日40通ほどのメールを処理しなければならず、また、議員や職員の行動を監督したり、相談に乗ったりするなど、見えないところで、たくさんの仕事をしなければならないと、言われています。町長の説明では、町長の仕事に週18時間は必要だとのことです。私が所属するソルタッシュ（Saltash）町では、町長の報酬はほとんどないと聞いていました。実質的には、ガソリン代や電話代などの若干の実費弁償があるだけだとすらいわれています。これを考えれば、町長の仕事は多すぎると言えるのではないでしょうか。

2 公選市長の長所、しかし、不人気？

イギリスにも、報酬をもらっている公選のメイヤー（首長）がいます。はじめて公選市長が登場したのは2000年のことで、大ロンドン市の市長（メイヤー）でした。これを定めたのは1999年の法律でした。現在の大ロンドン市長はジョンソン（Boris Johnson）で、彼は、145,000ポンドの給与をもらっています。これは、中央政府の閣僚よりも、10,000ポンド多い額です。

ロンドン以外の地域でも、2000年の地方自治法の改正によって、85,000人以上の人口を抱える自治体は、どのように自治体を運営するかを、次の3種類のタイプのなかから、選択することになりました。

・リーダーと内閣（議院内閣制）

・公選首長と内閣

・公選首長とシティ・マネージャー

それまでのイギリスの自治体は、議会が単一の統治機関で、自治体の行政は議会の委員会によって行われていましたが、この2000年の改革によって、どのタイプを選んだとしても、一般の議員は行政に携わることができなくなりました。公選首長や議員のなかから選ばれるリーダー、そして、内閣のメンバーとなる議員だけが、行政に携わることになり、一般議員は、政策の吟味や、行政の実施の精査などに、役割が限定されることになったのです。

そして、これまでのところ、公選首長は、いくつかの分野で、明らかに優れた結果をあげてきました。公選の首長は、住民がはっきりと目にすることができ、責任を追求しやすいという点でも、優れています。最近の調査をみますと、公選の首長は、平均して、57％の住民に知られています。一方、議院内閣制を採用しているところでは、その半分以下の住民がリーダーを知っているに過ぎません。

公選首長は目立つ存在です。公選市長制を採用している自治体では、誰が政策を決定し、誰に責任があるかを、住民は知っています。そのため、公選首長は、目立つ存在であるだけではなく、議院内閣制のリーダーとは違う目で、住民から見られています。住民は、自分たちが直接投票で首長を選んでいますので、単に、役所のリーダーというだけではなく、社会全体のリーダーとして公選首長を見ているのです。自治体は有力者によって仕切られているとあきらめがちであった人々も、公選首長はこういう状況を打ち破る“自分たち庶民”の擁護者だと感じているようです。

公選首長を採用したところでは、民主的な参加にも影響を及ぼしています。たとえば、2005年５月に公選首長を採用している４つの自治体で選挙がありましたが、このうち３つの自治体では、投票率が8％も上がりました。それに比べて、議院内閣制の自治体では、2002年から2006年の平均で、投票率が3％しか上がっていません。これは、公選首長制の透明性が人々を投票所に向かわせたと言って良いでしょう。

しかし、公選首長制については、反対の人も多数います。公選首長制を導入するためには、住民投票でそれを承認してもらう必要がありますが、これまで、住民投票を実施した自治体はそれほどなく、さらに、住民投票で“yes”となったところはほとんどありません。現在、住民の直接選挙で首長を選んでいるのは、大ロンドン市を含めて、14の自治体だけです。

公選首長の強大な力に対する反発が強いからです。批評家は、1人の人間にあまりにも大きな力がゆだねられ、その分、地方議員の役割が減少していると批判しています。公選首長制はとりわけ地方議員の間で不人気です。議員は、投票者の思いつきでリーダーを選ぶことに、危険を感じているのです。議員のなかには、自治体をリードすることができなくなるかもしれないという点を、心配している人もいるでしょう。公選首長は“自己顕示欲”の強い人を引きつけるだけだとコメントする学者もいます。

公選首長は「責任がはっきりしており」、「直ぐに行動できる」として、キャメロン（David Cameron）首相は、公選首長制に好意的な姿勢をとっていますが、イギリスの人々が公選首長を受け入れるかどうか、今のところ、分かりません。

3 町長・議員の報酬

ソルタッシュの町長は、町長としての職務に、週18時間ほどの時間を費やしています。これを聞き、わたしは、町長がどれくらいの手当をもらっているのかと考えました。コーンウォール県の議長（Chair）は約17,000ポンドの年俸をもらっています。県の議長は、ソルタッシュ町の町長より、もっとたくさんの時間を公務に費やしているのは当然でしょう。しかし、ソルタッシュの町長は、その半額くらいはもらっているのではないかと考えました。が、どうも、たったの3,000ポンドほどのようです。もちろん、年俸です。これを多いという人はいないでしょう。事実、いまの町長も、1年間に2,000ポンドほどの持ち出しになるでしょうと、話していました。その上、町長の仕事をしている間は、町長個人の仕事ができませんから、その分の収入の損失もあります。品格と才能を持った人が、町長としての責任を果たすために、自分の時間を使い、貯蓄をも減らしています。こういう人々がソルタッシュの町に居るというのは、住民にとって、幸せというべきです。ビジネスの世界では、高給を支払わない限り、このような能力ある人々に働いてもらうことはできません。何故、公共の分野では、違うのでしょうか。

ところで、町長はどのように選ばれるのでしょうか。ソルタッシュの町では、毎年5月のはじめに、“町長の選出（Mayor Choosing）”という特別のセレモニーが行われます。ここで、町長が、公式に、任命されるのです。このセレモニーは、形式的には、議員の会議という形で行われますが、しかし、100人を超える住民が出席します。また、多くの伝統的な行事もあります。たとえば、新しく就任した町長は、町役場（Guildhall）の2階から、窓の外で待っている大勢の子供たちに“暖めたコインと果物”を投げるという行事が行われます。どうして“暖めたコイン”を撒くのでしょうか。2つの言い伝えがあります。ひとつは、貧しい人々に暖房と食料そして生活費を提供するのがかつて町の最も重要な仕事でしたが、“暖められたコイン”は、その町の仕事である「暖房と生活費」を現しているというものです。もうひとつは、昔の議員は、人々がどん欲になるのを嫌い、コインを熱くして、簡単に手づかみできないようにしたという言い伝えです。

それはともかく、この“町長の選出”のセレモニーは数百年前から続いています。このセレモニーの実質的な段取りはかなり前に準備されています。たとえば、私は、このセレモニーの3週間前に、セレモニーの各ステージで何が行われるか、誰がスピーチをするか…を正確に、しかも詳細に記述した文書を受け取りました。そこには、新しい町長の名前も書かれていました。新町長は、“町長の選出”より前に決まっているというわけです。そうなのです。新町長は、セレモニーの１か月前に開かれた本会議で、現職の町長が、議員のなかから、次の町長を指名していました。ソルタッシュ町では、こういう人事で、もめることはほとんどありません。通常は、現職の町長の指名を、他の議員はすんなりと認めます。もっとも、現職の町長は、この指名に先立って、ほとんどの議員にメールを送り、相談しているようです。要するに、新町長は、"町長の選出"というセレモニーの１か月前の本会議の、さらに前に、決まっているということになります。

4 警察と県の報告

本会議が始まる１週間前に議事日程（アジェンダ）が送られてくることは前に述べましたが、そのアジェンダには、必ず、"警察の報告(Police Report)"という項目が書かれています。これは、前回の本会議以後、ソルタッシュでどういう犯罪があったかを、警察官が報告するというものです。とはいっても、ソルタッシュでは、犯罪は滅多にありません。事実、２年前に、ある調査で、犯罪が少なく、住宅価格が安定しており、さらには、学校が良いということで、ソルタッシュがイギリスでもっとも住みやすい場所に選定されたことがあります。その点では、"警察の報告"はソルタッシュではあまり意味がないようにも見えますが、治安維持や犯罪に関して、議員が警察に質問できますので、この報告は非常に有益です。

この"警察の報告"に続いて、"コーンウォール県の報告（Cornwall Council report)"が行われます。ソルタッシュには、県議会議員が４人います。このうち３人は、ソルタッシュ町議会の議員でもありますが、この３人が、コーンウォール県の活動を報告するのです。これにより、ソルタッシュの町議は、県全体の問題を理解できるようになります。コーンウォール県は2009年に"統一自治体（unitary authority)"になりました。それまでの県と市の双方の機能をすべて担うことになりましたので、多くの困難な問題に遭遇しています。特に、いまは、財政問題が深刻になっています。そのため、コーンウォール県議３人と他のソルタッシュ町議の間で、議論が白熱することがしばしばです。

“県の報告”が終わると、今度は、15分間の住民が質問できる時間帯になります。この質問はあまり多くはありません。これは、いまのソルタッシュ町の運営に一般の住民が満足しているためだろうと考えたいのですが、実は住民がそれほど町の運営に興味関心がないということかもしれません。

5　建築（Planning）申請の審議

本会議では、このほか、いくつかのことが審議されますが、一般に、住民が大きな関心を持つのは建築許可です。ソルタッシュ町には建築の申請を許可する権限はありません。コーンウォールでは、この権限は県にあります。しかし、県は、建築申請のあった地域の町議会に相談しなければならないことになっています。このため、コーンウォール県は、申請のあった建築物に住民がどのように反応しているかを町議会に判断してもらおうと考えているようです。また、地域と調和のとれた住宅建設を誘導することを、町議会に期待しているようにも思います。

現在、開発や住宅建設の手続きとして、申請前の協議を義務づける法律が制定されようとしていますが、コーンウォール県では、すでに実施しています。公式の提案をする前に、できるだけ早く、地元の住民や町議会（あるいはパリッシュ議会）に協議することを開発業者に勧めているのです。しかし、これはまだ一般的なものになっていません。現在は、ソルタッシュ町のエリアで建築申請のあった１週間分のリストが、コーンウォール県から私たちソルタッシュ町議会に回されてきます。これをみて、21日以内に、私たちはその申請を認めるべきか否かを判断し、それを県に解答します。このリストの詳細な内容は、コーンウォール県のホームページで見ることができますし、また、申請書類のコピーは町役場にも置かれていますので、議員も住民もそこで閲覧することもできます。

町議会の会議では、私たちは、あらゆる視点から、その申請を検討します。近くの建物と調和がとれているか、デザイン・設計は大丈夫か、近隣住民のプライバシーを害さないか、近隣施設の日照を侵害していないか、道路景観との調和はどうか、下水施設に影響を及ぼすことはないか、駐車場は大丈夫か、等々、あらゆることを検討するのです。議員は、もちろん、完全に客観的に判断しなければなりません。そのため、申請物件の近くに住んでいる議員、申請者と個人的に親しい議員は、町議会の決定をする際に、賛否の意思表明を控えます。申請者は、正当な理由がない限り、その申請が承認されると考えているはずです。それは申請者の基本的な権利だとも言えます。したがって、議員は慎重に判断しなければなりません。

私は、これまで都市計画や環境などのトレーニングを受けたことがありませんが、私の判断が申請者の生活スタイルを変えてしまうことにもなりかねません。ですから、私は、慎重に判断しています。また、建物の建築によって影響を受けるかもしれない住民は多いでしょう。これらの住民は、議員の判断を監視していますから、判断する際には、非常に緊張します。

先日、ひとりの町民から、自分の家の庭に、２軒の大きな住宅を建築したいという申請がありました。この住宅建設に多くの住民が反対し、私のところにも、連日のように、反対の手紙が送られてきました。そして、議会審議の当日には、反対の発言をするために、申請者の近隣の住民がこぞって議会にやってきました。予定していた会議室を、急遽、もっと大きな部屋に変えなければならなかったほどです。それでも、部屋に入りきりませんでした。たまたま、このときに、権限委譲を話し合うために、コーンウォール県からソルタッシュ町に来ていた県の職員は、これら多数の住民をみて驚いていました。ソルタッシュ町の住民の熱心さに感銘を受けて帰ったはずです。

ソルタッシュ町には４つの選挙区があります。そして、建築申請の審議では、その物件の所在する選挙区の議員が審議をリードするのが普通です。申請者は、この審議で、発言することができます。反対する住民も発言できます。申請者と反対住民の発言時間は、それぞれ、１人３分です。こういう発言がすべて終わってから、議員が再度の検討をして採決ということになりますが、ソルタッシュ町議会の採決は挙手で行います。議長は賛否の意思表示をしません。ただし、賛否が同数の場合、議長がいずれかを決定することになります。この町議会の決定をコーンウォール県に報告するのは、ソルタッシュ町の事務局長です。

この後は、コーンウォール県の担当官が、法律上の権限者として、建築申請の審査をすることになりますが、これをする際には、私たちの町議会の決定を考慮します。そして、担当官の意見がソルタッシュ町議会の考えと一致する場合、担当官の意見がそのまま決定となります。しかし、担当官の意見が私たちの決定と違う場合には、担当官は、理由をつけて、送り返してきます。今度は、５日以内に、担当官の理由づけに納得するかどうか、それによって、私たちの態度を変えるか否かを決定しなければなりません。こういうときには、時間がありませんので、私たちは、オンラインで投票します。そして、私たち町議員の過半数が県の担当官の意見に同調した時には、担当官の意見で決定します。しかし、ソルタッシュ町議会が、県の担当官と異なる決定をした場合、コーンウォール県は次のいずれかの方法で決定を下します。

ひとつは、県の最上位の担当官が、法律で授けられた権限のもとに、決定するという方法です。建築申請が増築などの補足的なもの、住民がほとんど関心を払わないもの、住民の反対がないものなどについては、この方法で決められます。

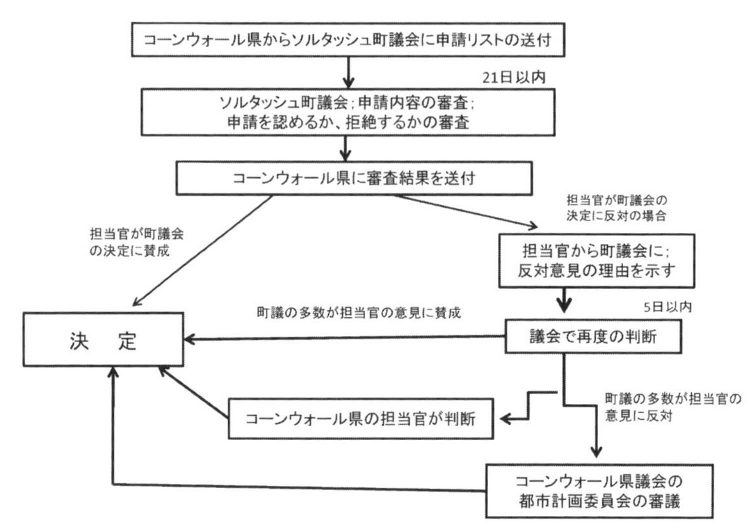

建築申請の審査の流れ

しかし、慎重に決定する必要があるもの、あるいは、住民の反対がありそうなものについては、コーンウォール県議会の都市計画委員会（Planning Committee）に回され、そこで決められます。コーンウォール県には３つの都市計画委員会があり、ソルタッシュ町は東部（east）都市計画委員会の管轄になっています。構成メンバーは15人の県議会議員で、このうち３人はソルタッシュ町から選出されている議員です。

ソルタッシュ町の、ひいては、コーンウォール県の建築申請の審査手続きは、このように、非常に複雑ですので、参考のために、図形で現しました。

6 “献身的な”議員

ソルタッシュ町の本会議は午後７時に始まります。そして、建築申請の討論が終わるのは、通常は、夜の８時半から９時です。しかし、これで、終わりというわけではありません。その後、住民などから各議員に送られてきた手紙の内容に、議会としてどう対応するかという検討が行われますし、前回の会議の議事録の確認作業もあります。委員会の要請で、何かを検討するということもあります。これらの審議がすべて終わるのは10時か10時半というのが普通です。こういう本会議が開かれるのは月１回ですが、このほかに、委員会が少なくとも月１回は開かれますし、また、建築申請の審議だけをする本会議も毎月開かれます。町長は、町長としての仕事に毎週18時間ほど使いますが、普通の議員も、議員の仕事に、週８時間は使っていると思います。

私たち議員が支給されるのは、１年間に、たったの160ポンドです。手当てがもっと多ければ、おそらく、議員になろうとする人が増えるでしょう。有能な人材を引きつけるだけではありません。いろいろな分野の人々が、それぞれのコミュニティを代表して、議員になることが期待できます。全国レベルですが、現在の地方議員の平均年齢は59歳で、70％が男性です。しかし、報酬が魅力的なものになれば、小さな子供のいる人たち、シングル・マザーの人たち、あるいは、自営業の人たちも、もっと、議員になろうとするのではないでしょうか。

ソルタッシュ町の場合は、幸いにも、人生経験が豊富な数人の人々が、長い間、議員として活躍されています。16人の議員のうち、６人は町長としての経験もあります。このため、議会の審議はいつも活気にあふれ、広い視野から審議され、公明正大に行われています。議員のなかには、政党員もいますが、政党の方針に従って物事の判断をしている議員はいません。すべて、それぞれが代表しているコミュニティにとって良いことかどうかという観点で判断しています。これこそが議員のとるべき姿勢だと、私は考えています。

公選首長制を採用されるようなことになれば、世の中は、もっと“政治化”されることになるでしょう。幸いにも、ソルタッシュ町では、献身的な人々が、議員として活躍してくれています。直接公選の町長は必要ありません。必要なのは、議員にもっと報酬を出すことです。

第4節　コミュニティと議会・議員

1　キーワードは“コミュニティ”！

議会が、議会として、機能するためには、コミュニティと結びつくことが不可欠であると考えています。私が議員になって以来、私のキーワードは“コミュニティ”です。

ソルタッシュ町議会は、どうすれば、私たちのコミュニティのニーズを、コーンウォール県（UA）などの機関にうまく伝えることができるか、常に、検討しています。ソルタッシュ町の住民が、コミュニティにふさわしいサービスを受けることができるかを町議会がいつも考えているのはいうまでもありません。

そして、私たち、ソルタッシュ町の議員は、コミュニティが結束することが必要だと考え、その実現に向けて、いつも努力しています。中央政府も、“コミュニティ”を重視しているようです。地方行政を管轄している中央省庁の名称が、“コミュニティおよび地方自治のための省（the Department for Communities and Local Government)”となっていることを見ても、これは明らかでしょう。

そこで、今回は、ソルタッシュ町議会がコミュニティとどのように結びついているかについて、説明したいと思います。

2　議会は夜間に開催！

コミュニティとの関係で、何よりもまず、取りあげなければならないのは、私たちの議会が、本会議も委員会も、夜、開かれているという点です。夜間会議ですので、議会の審議を聞きたいと思う住民は、議会に来やすいはずです。そして、コミュニティの住民は議会で質問することもできます。ソルタッシュ町議会は、この住民の質問のために、15分間の時間をとっていますが、本会議では、毎回３人程度の住民から質問を受けています。その内容はいろいろです。たとえば、最近の質問例を挙げてみますと…。

「“セント・アン”バス停留所に、何故、バスが止まらなくなったのでしょうか？」

「テーマー河に架かっている橋の通行料を引き下げるために、町議会として、何をしていますか？」

テーマー橋

「道路や散歩道での犬の糞尿に困っています。何とかしてもらえないでしょうか？」

「若者たちが、交差点に置かれているベンチにたむろして、大騒ぎしています。年寄りたちをおびえさしてもいます。議会は、このベンチを取り除いてもらえませんか？」

このような質問は、事前に、通告されるということはありません。会議の質問時間で、突然に質問されます。そして、これらの質問に、もっとも通じていると思われる議員が解答します。事務局長も議会に同席していますが、事務局長は法令上のアドバイスをし、会議の記録をとるだけです。このため、議員と住民の間で、生き生きとした応答が展開されます。とはいえ、時には、議員としては、住民との応答に憂うつになることもあります。住民たちに強い不満があり、攻撃的に非難される場合は、本当に、憂うつになります。しかし、この質問時間は、住民が自分の意見を議員に直接ぶつけることができる時間です。また、議員にとっても、有益な時間だといえます。住民が抱いている不満を知ることができ、それが深刻な問題にエスカレートする前に、対処する方法を考えることができるからです。

議会の夜間の開催は、働いている住民にも議員になるチャンスを与えています。イングランドでは、地方議員はほとんどがボランティアのようなものです。そのため、地方議員の多くは、昼間、会社や学校で働いています。夜間議会は、コミュニティの様々な分野を代表する住民に、議員になれるチャンスを与えているのです。ソルタッシュ町の場合は定年退職した議員が多いのですが、２人の学校の先生、海軍造船所の２人の技師、自営業２人、そして、専業主婦も１人います。

3 “住民に会いましょう（Meet the People）！”

ソルタッシュ町議会の本会議は毎月、最初の木曜日に開かれます。その２日後の土曜日、町のメイン・ストリートの一角に机と椅子を配置して、議員が、道を通る住民と対話しています。対話時間は２時間です。この対話には、“住民に会いましょう（Meet the People）”という名前がつけられています。ソルタッシュ町議会には16人の議員がいますが、ローテーションを組んで、順番に、４人の議員が参加しています。

私たちの町議会の議員は３つの政党に所属しています。しかし、“住民に会いましょう”の対話に出席する議員を政党単位で決めるということはしていません。ソルタッシュ町の議員は４つの選挙区から、それぞれ４人ずつ選ばれていますので、“住民に会いましょう”に出席する議員は、各選挙区から１人ずつという形で決めています。

この住民との対話では、住民から多くの苦情が寄せられ、私たち議員は、それに対処しなければなりません。最も多いのは、道路上の交通問題に関する苦情です。そのなかには、車のスピードに対する苦情や、駐車の苦情も含まれます。私たち議員は、これらを直接的に取り締まる権限はありませんが、しかし、こうした住民との対話によって、住民の関心がどこにあるかを知ることができます。

この対話により、コミュニティのなかで議会のイメージが高まっていると思いますし、また、住民が、議会を近づきやすいとして意識するようになったと思います。イベントを宣伝するという点でも、この対話は効果的です。住民がいないときには、議員が互いに、非公式に話し合えるというメリットもあります。そして時には、議会がほめられることもあります。

4 ユース・クラブ（K3）運営委員会への参加

ソルタッシュ町には、ミュージアムやユース・クラブ、さらには、老人を支えるためのチャリティ団体など、様々な組織があります。町議会は、これらの組織の運営委員会に、議員を送り込んでいますが、これも、コミュニティに尽くすための手法だと言ってよいでしょう。議員が運営委員会のメンバーになっている、こうした組織は、現在、全部で15あります。私自身は、議会で、“K3”と呼ばれているユース・クラブの運営委員会に参加するように要請されました。K3の運営委員会は2か月に1度の割合で開かれますが、議会と同じように、夜の開催です。そして、この運営委員会で、ユース・クラブの運営資金はもちろんのこと、若い人々に対して現に実施しているサービスがいいかどうか、今後、どういうサービスをするべきかなどの検討をします。

K3の運営資金のほとんどは、コーンウォール県から助成されています。職員の給与も県の負担です。それもあって、ソルタッシュ選出の県議会議員1人もこの運営委会のメンバーになっています。この議員は大活躍していますが、やはり最近の財政的な苦境により、ユース・クラブに対する県の助成金は大幅に削減されるようになってきました。ユース・クラブは、もっと自主的に、積極的に資金集めをする必要が出てきたわけです。

K3には、資金の調達を担当しているスタッフがいます。彼女はジャネット（Janet）といいますが、どういう補助金を利用できるかをよく知っています。これらの補助金や宝くじ基金をもらうには、複雑な書類を作成する必要があり、大変です。しかし、彼女はこの書類の作成にも精通しています。そのジャネットが宝くじ基金（Big Lottery Fund）に目をつけました。この資金は1994年に創設されたものですが、ジャネットは、これを利用して、私たちのユース・クラブ（K3）にロック・クライミングの室内練習場をつくろうと考えたのです。

私たちが住んでいるコーンウォール県には、荒々しい起伏の多い海岸線があります。そこには、地下の洞窟やごつごつした岩場もあり、ロック・クライミングや懸垂下降の格好の挑戦場所として非常に有名です。世界的に高度な技術を持ったクライマーも引きつけています。

ランズ・エンド

ロック・クライミングに挑戦するには、人工的につくられたクライミングの壁での練習が必要です。そして、たくさんの練習用のウォール（壁）が各地につくられています。しかし、これらのウォールは商業ベースで運営されており、非常に高額です。ジャネットはここに目をつけました。ソルタッシュの半径75マイル（約120km）圏内には、ロック・クライミングの練習をすることができる公的施設がどこにもありませんでした。K3にこの施設ができれば、天候に関係なく若者たちが活動することができるようになると考えたのです。また、議会で質問のあった交差点のベンチにたむろして大騒ぎする若者を減らすことにもなり、きっと、ソルタッシュコミュニティが活気づくだろうとわれわれ運営委員会は考えました。

宝くじ基金（Big Lottery Fund）をもらうためには３つの段階を経なければなりませんでした。まず申し込みです。この申し込みをしますと、宝くじ基金から査察官がやってきました。申し込んだ事業（ロック・クライミング用の壁の建設）が成功しそうかどうか、K3がそれを適切に維持できるかどうかを審査するためです。

この審査によって、申し込み事業がどんどん削られ、ソルタッシュ町が所属する南西地区では、６つの事業が最終候補として残りました。

K3の事業もその中に入りました。最後の段階では、これらの6つの事業がノミネートされ、テレビで放映されます。2つの事業ごとに3日間に分けられ対戦形式で視聴者が気に入った事業に電話で投票するというかたちで審査が行われます。電話投票が最も多かった事業に宝くじ基金が交付されるというわけです。K3を取り上げた番組と電話投票は、昨年（2011年）の6月30日に行われました。

K3の運営委員会では、この電話投票への住民の意識をどのようにして喚起するか、いろいろ検討したのはいうまでもありません。活動計画もつくりました。そして、K3の若いメンバーたちは、電話投票が始まる6月30日の1週間前からソルタッシュ町のあらゆるところでリーフレットを配ったり、フェイスブックのページを立ち上げたり、熱心に活動しました。

いよいよ電話投票の日となりました。この日の午前7時、私たちユース・クラブの運営委員会のメンバーや若者たちがK3に集まりました。早朝ミーティングを開いたのです。そして、チームを組んで、町に散らばり、学校や店舗でステッカーやビラを配りました。駐車場の車のワイパーには、ビラを挟み込みました。また、イングランド各地に住んでいる知り合いにメールを送り、電話投票をしてくれるようにたのみました。夕暮れには、すっかり足が痛くなり、疲れはてていましたが、チームで成し遂げたという達成感はありました。また、ソルタッシュの町のなかで、K3のイメージを高めるのに役だったはずだという思いもありました。

とはいうものの、本当にこれで十分だったのかという思いがあったのも確かです。私たちは、K3に集まり、不安をいだきながら、テレビの実況放送にくぎ付けになっていました。結果は、K3の事業が最高得票数で選ばれました。私たちは叫び、小躍りし、歓呼の声を上げました。約56,000ポンド、日本円で言えば、700万円の宝くじ基金が獲得できたのです。

それから5か月後、私たちのロック・クライミングの壁ができあがりました。すばらしい壁です。熟練者用のオーバーハング（張り出した岩）の壁もあれば、別のセクションには、ビギナーが自信を持てるようになる登りやすい壁もあります。クライミングの壁が大にぎわいです。企業の登山チームが訓練し、地元のボーイスカウトや他のコミュニティグループもここで楽しみながら運動しています。ある地元のスーパーは、このウォールを利用して、クリスマス・パーティを開きました。K3 は、いまや、住民がコミュニティに参加する場所として、また、多くの若者が集まる場所として非常に大きな役割を果たしているのです。

5 「ソルタッシュ町を良くするグループ」

宝くじ基金での競り合いは成功しましたが、これは、関係者全員が協力し合ったからだと、私は確信しています。議員になってからの1年半の経験で、住民にコミュニティを意識してもらおうとすれば、すべての住民が果たすべき役割を持てるようにして、それによって、自分たちの未来は自分たちでつくることができるのだと感じてもらうことが必要だと考えるようになりました。いまでも、住民には、“議会は何をしてくれるのか”という姿勢が強いように思えます。何か不都合なことが生じた場合には、“役所や議会が何とかしてくれる”ことを期待して、住民は不平不満を言います。しかし、いまの財政状況の下で、役所や議会だけで、住民の不満に対応するのは大変です。いま必要なのは、議会・議員が、すべての住民と一体になって、行動することだと思います。

この考え方を実践している実例としては、「ソルタッシュ町をよくするグループ（Saltash Town Improvement Group）」の活動を挙げることができます。

イングランドでは、このところ、メイン通りの商店が店を閉めるという情景が一般に見られるようになってきました。また、全国チェー

フォアストリート

ン店の進出で、どこの町に行っても、同じ店が並んでいるようになりました。しかし、ソルタッシュの町は、幸いなことに、いまでも個人営業の店がたくさんあります。とはいっても、これらの店は、隣接するプリマス市の大規模商店街、郊外の大スーパーマーケットや通信販売にお客さんを奪われてしまったために、不平不満でいっぱいです。そして、議会に何とかしてほしいと要請します。一方、議会は、助けを求める前に、自分たちで何とかするべきだと言い続けてきました。この商店側と議会のギャップは、なかなか埋めることができませんでした。

このような時に、数年前のことですが、大きなスーパーマーケットがソルタッシュ町の郊外に店舗をつくりたいという建築許可の申請をしてきました。法律は、地方自治体が、建築許可をする際に、条件をつけることができるようになっています。そこで、ソルタッシュ町は、スーパーマーケットが町に多額の寄付をしてくれるのであれば、建築許可を認めるという条件をつけました。その寄付金を使って、町の中心をきれいにし、商店街に人々の足を向けるようにしたいと考えたわけです。

頂いた寄付金はかなりの額でした。そのため、町議会は、そのお金をどのように使うべきか、なかなか良い知恵が出ず、いたずらに議論を重ねていました。その間も、商店街から顧客が離れていき、商店主たちは欲求不満は最高潮に達していました。そうした最悪の状態の中で、１年前に、「ソルタッシュ町を良くするグループ」と呼ばれるグループが立ち上げられたのです。町議会議員、県議会議員、それに、商店街の代表、商工会の代表、等々が構成メンバーになりました。このグループの会議は、積極的に議論し、行動するために、できるだけ少ない人数で開いたほうが良いという判断の下に、通常は、10人ほどで会議を開いています。

私もこの会議に出席していますが、このグループの活躍ぶりに、良い意味で、驚いています。うち解けて話し合い、次から次へと、プロジェクトを実現するように仕向けていくのです。大通りの舗装のクリーニングを実現しましたし、街灯の下に花かごを備え付けるということもしました。12月のクリスマス商戦時期には、多くの人を商店街に呼び込むために、街中の駐車場の料金を無料にしました。テレビでも地元経済活性化への画期的な取り組みだと放映されたほどです。これらのプロジェクトは、すべて、その決定に、コミュニティの有力者や利害関係者を巻き込むことで実現しました。何か実現しようと思えば、コミュニティをあげてやる必要があると実感させられました。

6　低い投票率

しかし、人々を巻き込むのは容易ではありません。私たちの議会は夜間に開き、住民に開放していますが、傍聴者が５人以上いるのは稀です。時には、30人以上の住民が傍聴するということもありますが、これは、審議事項が住民の興味を引く場合だけです。たとえば、住宅の建築許可が審議事項となり、その住宅建設に住民が反対しているというような場合には、傍聴者が多くなります。しかし、住民が興味をもつのはこの建築許可だけですので、その審議が終わると、潮が引くように、帰ってしまいます。

こういう住民の無関心は、選挙の投票率に反映されているようです。2010年5月に行われた地方選挙の投票率は62.2%でしたが、これは異常に高い数値でした。恐らくは、この地方選挙が、イギリスの総選挙と同時に行われたためではないかと考えています。事実、2009年の地方選挙の投票率は39.1%でしたし、2008年のときは39.9%でした。

このように投票率が低いのは何故でしょうか。理由のひとつとしては、住民の政治に対する信頼が薄らいできたことを挙げることができそうです。最近の調査結果を見ましても、「どの政党が政権を獲っても、やることは同じだ」、「政党は、人々の投票に関心があるが、人々の意見には関心がない」という住民の声が強くなっているといわれています。また、政党に強い忠誠心を持つ人々、政党の支持者がどんどん少なくなってきたということも、投票率が低い理由として挙げることができるでしょう。

しかし、最大の理由は、議員になろうとする人々の範囲が限られているところにあると考えています。たとえば、町議会議員の場合、その報酬は日本円でおおよそ25,000円程度（これは日当ではなく年俸です）というように、地方議員の報酬は非常に少ないのが実情です。これでは、財政的に安定し、時間的余裕のある人以外は、地方議員に立候補しにくいといえます。事実、地方議員の大多数は白人で、中産階級の男性です。その多くは定年退職者です。住民が、地方選挙で投票する際には、自分たちのニーズを代表してくれそうな人、自分と同じ考え方をする人を選ぼうとします。投票者が少数民族の出身者の場合は、同じ文明圏の議員を選びたいはずですし、投票者が母親の場合には、母親に投票したいはずです。したがって、投票率を高めるためには、報酬を上げてもっとコミュニティ全体の代表者が議員になれるようにする必要があると考えています。

ところで、投票以外の住民参加、たとえば、請願、国会議員への手紙、示威運動（デモ）などは、ここ15年ほど、増え続けています。人々は、投票所には足を運ばないとしても、地方の事柄に関心を持ち続けているのです。ボランティアの精神、コミュニティの役に立ちたいという人々の熱意は、イングランドでは、未だに強く燃えています。報酬がないに等しいにもかかわらず、町議になろうとする人がいることをみても、これは明らかでしょう。

国会議員は高額の報酬をもらっていますが、これは、人々の間に、国会議員に対するある種の不信感を抱かせています。これに対して、町議はボランティアであるべきだという考え方があるため、人々の不信感はあまりないように見えます。私は、町議の手当をもう少し手厚くし、いろいろな人に町議に立候補しようという気持ちを起こさせることが必要だと考えていますが、しかし、町議は、コミュニティのなかで、ボランティアとして戦う戦士であるというイメージを失ってはならないと思いますので、あまり高すぎないようにすることが重要です。

7 コミュニティとともに

議会がその機能をフルに発揮するには、消極的であれ、積極的であれ、コミュニティの感情をうまく利用し、明確な目的に向かってコミュニティと一緒に行動する必要があると思います。そうすれば、議会も、コミュニティも生き生きと輝くはずです。ユース・クラブ（K3）のロック・クライミングの壁を実現できたのは、コミュニティがこうした施設を望み、議員、ユース・クラブのスタッフ、そして、若者たちが一緒に靴底をすり減らしてリーフレットを配り、人々の支持を求めたからです。「ソルタッシュ町を良くするグループ」が機能を発揮できたのも、人々が望んでいる目的に向かって、みんなで行動したからです。

ソルタッシュ町議会で、何人かの傍聴者から「犬の糞尿に困っている」という苦情を訴えられたとき、私たち議員は、他の住民グループが作成したポスターを参考に、一緒にポスターをつくり、それを道路や散歩道に貼り出しました。ソルタッシュ町の財源は乏しく、住民の事柄に干渉する権限も持っていません。したがって、住民の苦情がある場合には、私たち議員は、コミュニティの住民とともに、ソルタッシュ町にとって最も良い解決方法を考えながら、実行に移しています。ソルタッシュが生き生きと輝くために活動しているのです。

8 オリンピック聖火！

イギリスのテレビを見ることができる人は、来る（2012年）5月19日の放送を見てください。ソルタッシュのコミュニティがみんなで一緒に活動する光景を目にすることができるからです。この日から、ロンドン・オリンピックの聖火リレーが始まるのです。その初日に、聖火がソルタッシュの町を通ります。歴史的な出来事ですから、ソルタッシュ町議会としても、この日をどのように迎えるかいろいろな準備をしています。

私は、長野オリンピック冬季競技大会の運営に関係したこともあり、いくつかのオリンピックに関係してきましたので、町議会の代表責任者として、この準備を任されました。聖火の歓迎会を開くためには、住民の参加が不可欠だというのが私の信念です。そこで、私は、ソルタッシュ町のすべてのコミュニティグループに聖火をどのように迎えるかを議論する会合に来てほしいという招待状を送りました。昨年（2011年）12月初めに会合を開きましたが、何と40人を超える住民が参加してくれました。

それ以後、これまで3度も会合を開きましたが、毎回40人前後の出席者が来てくれています。その熱意は素晴らしい一方、管理するのが正直に言って大変です。議論百出です。何しろ、異なる組織から、異なる経験をもつ40人の人々が、集まっているのですから、様々な意見が出てくるのは当然です。しかし、どの様に聖火を迎えるかについて住民や議員が提案を出し合ったり、話し合ったりする絶好の場になっています。この会合から出てきた一つの提案にPassport to Sport（スポーツ・パスポート）というのがあります。コミュニティのいくつかのスポーツ・クラブが体験セッションを設け、一回体験したらパスポートに捺印されます。最初に８個の捺印を集めた人たちには素晴らしい商品がもらえます。町全体でスポーツ体験をすることにより、オリンピックの機運を高めるだけでなく、個々のクラブが連携し、スポーツを通じてコミュニティをまとめていく非常によい機会です。オリンピック聖火と同じように、このコミュニティも輝きますよ。ご注目を！

第５節　本会議の審議

1 「招集状」

日本の皆さんの所では、議会はどのように開かれ、どのように審議されているのでしょうか。また、住民の意見はどのように聞いているのでしょうか。

私が、議員となっているソルタッシュ町議会では、本会議も、委員会も、議会の事務局長（Town Clerk）が各議員を「招集（summon）」することから始まります。“招集（summon）”という用語は少し気になりますが、これは、法律で議員が本会議や委員会に出席することを義務づけられているためだといわれています。この「招集状」は、手紙の形式で、議会の開催日時を議員に知らせてきます。たとえば、先日開かれた本会議の「招集状」をみますと、

「議員各位；　2012年5月3日（木曜日）午後7時に町役場で開かれる本会議に、招集いたします」となっています。（**右図**参照）

しかし、実際には、手紙で送られてくることはありません。各議員の手元にメールで送られてくるのです。この「招集状」は、町のホームページでも公表されます。また、町のメイン・ストリートに設置されている掲示板などにも張り出されます。

住民も、議会が開かれる日時を知ることができるわけですが、それだけではありません。住民も議会で発言できることが明らかにされています。これは、「招集状」のなかに記述されている次のような文章を見れば、明らかでしょう。

Saltash Town Council
Konsel An Dre Essa

The Guildhall
12 Lower Fore Street
Saltash

Dear Councillor,

I write to summon you to a meeting of the Saltash Town Council to be held at the Guildhall on **Thursday 3rd May 2012 at 7.00pm.**

Members of the public may view planning applications during normal working hours of 9.30 am – 4.30 pm daily at the Guildhall. Any member of the public wishing to speak during the meeting must complete a slip and hand to the Town Clerk prior to the meeting.

Yours sincerely,

R Lane
Town Clerk

ソルタッシュ町議会の「招集状」(2012年５月３日)

「議会で発言したい住民は、議会が始まる前に、文書で要旨を示し、事務局長に渡してください」。

そして、初めて議会に来る人が進行・議題など理解できるように、概要説明を一枚の紙に簡単にまとめて、傍聴席に置いておきます。

2 「アジェンダ（議事日程）」

「招集状」には、アジェンダと呼ばれる「議事日程」が添付されています。議会の審議を円滑に行うためには、審議される事柄を全体的に見通し、それを明らかにしておくことが不可欠です。このアジェンダを作成するのは事務局長の責任です。しかし、議長は、会議を適切に進める責任を負っています。そのため、アジェンダを作成するときには、議長も当然に加わります。

とはいいましても、アジェンダの様式は、ほぼ決まっています。たとえば、アジェンダの冒頭に書かれているのは、「安全対策の告知(Health and Safty announcement)」です。本会議が開会されると、最初に、「火事その他の緊急事態が発生したときの手順」を議長が説明するというものですが、非常口の場所が示され、会議の傍聴に来ている住民達の避難場所が示されます。この告知は、法律で定められているものです。

アジェンダの2番目には、「謝罪（apologies)」という名称で、欠席議員の名前を公表することが書かれています。議員は、議会のすべての会議に出席することが期待されています。しかし、ソルタッシュ町の議員は無報酬の議員ですから、仕事の都合で、あるいは健康上の都合で、会議に出席できないことが何度かあります。こういう場合には、私たち議員は事務局長に知らせなければなりません。そして、その欠席が公表され、議事録に収録されるということになります。イギリスの国の法律は、少なくとも半年に1度は会議に出席しなければならないと、私たち町議に義務づけているだけです。しかし、欠席議員が多いと、会議は成り立ちません。そこで、ソルタッシュ町議会の会議規則（Standing Order）は、少なくとも3分の1以上の議員が出席していなければ会議を進めることができないと定めています。定足数が1/3というわけです。それもあって、私たち議員は、できるだけ多くの会議に出席するように心がけています。

アジェンダの3番目には、議員が会議の議題に関して、個人的な利害関係がある議員、偏見を持つ可能性のある議員の名前を明示することになっています。すべての議員は、あらかじめアジェンダを精読し、どこかの議題で、自分が利害関係を持っていないかどうか、判断しておく必要があります。こういう場合には、議題を公正に、客観的に検討することができないと考えられているのです。したがって、利害関係がある議員、偏見を持つ可能性がある議員は、その議題が審議される際には、議場を退出することになっています。

アジェンダの事項はまだまだ続きます。次には、「議長の報告」、それから、「警察の報告」、「県議会（コーンウォール県議会）の報告」、「支出の検討」、さらには審議する事項、等々、多くの報告や審議事項がアジェンダに記されています。

それらを読めば、議員も、住民も、議員が何を審議するのか、内容が明確に分かるようになっているのです。そして、これらのアジェンダは、住民にも知らせるために、メイン・ストリートの掲示板に張り出されます。これを見た住民は、次の本会議や委員会で何が審議され、決定されるのかを理解することができ、それについて何か意見を言いたい場合には、議会に足を向けることになるというわけです。

このようなアジェンダは、「招集状」とともに、少なくとも会議の正味（clear）３日前までに議員に配布することと法律で定められています。議会で検討される事柄を、議員はあらかじめ知っておくことが重要だと考えられているからです。正味３日の中には、招集状が配布される日は含まれていません。会議が開かれる日も含まれません。休日も除外されます。週末も含まれないというのが慣行です。その結果、私たち議員は、会議が開かれる１週間前に、「招集状」とアジェンダを受け取っています。

3 “お祈り”

ごく最近まで、アジェンダの冒頭には“お祈り”という項目が記されていました。この“お祈り”は、数世紀にわたって、中央政府の議会で、また、すべての地方議会で行われてきたものです。ソルタッシュ町議会でも、前述したように、町長（議長）が選んだ教会の「司祭（the Mayor's Chaplain）」が、本会議を開くに当たって神に“お祈り”を捧げてきました。

ところが、デボン（Devon）県で、ある無宗教の前議員がこの“お祈り”によってはなはだしい「不利益を受け、迷惑を被った」と裁判に訴え、今年（2012年）の2月に、裁判所が“お祈り”の項目を公式のアジェンダに記載することを禁じるという事件が発生しました。そして、これを受けて、すべての地方議会が“お祈り”をアジェンダから外さざるを得なくなりました。ソルタッシュ町議会でも、“お祈り”を神に捧げたい議員は、会議が始まる10分前に集まっています。

こういう状況のもとで、伝統的なキリスト教徒は、イギリスの歴史的な信仰が無宗教の活動家によって脅威にさらされていると主張し、中央政府に対策を迫っていますが、これに対して、地方自治担当の大臣は、昨年末に制定された地方主義法（Localism Act）のもとで、地方自治体が自分自身で解決するべきだとしています。地方主義法では、地方自治体の一般能力（general competence）の権限が定められ、その結果、地方自治体は、違法でない限り、個々の人々ができることは、何でもできることになったのです。地方主義法が実施されるのは今年（2012年）の末です。したがって、地方自治体が自分の意志で行動できるようになるのも今年の末からですが、しかし、中央政府の地方自治担当省はそれを早め、議会の決定で、“お祈り”を以前と同じようにアジェンダの項目にしてもよいことにしました。

そのため、ソルタッシュ町議会でも、次の本会議で、この一般能力の権限を公式に採用することを決定する予定です。それ以後は、“お祈り”の項目が再びのアジェンダに記されることになると思います。

4 議長によって会議は変わる？

委員会も同じですが、本会議はこのようなアジェンダにしたがって進められていきます。しかし、会議を具体的に進行するのは議長であり、参加する人々です。そのため、実際の議事運営の仕方やスタイルは、どの本会議も同じというわけではありません。とくに、報告ではなく、議員の意見交換やディスカッション（討議）によって何かを決定する時の形態は、議長のパーソナリティによって変わります。数年前、ソルタッシュ町議会の議長はベテラン議員で、アジェンダを周到に準備し、会議がそれに沿ってきちんと進むように試みていました。しかし、最近は、すべての人に発言する機会を与えたいと考えている紳士が議長になっています。そのため、会議は長引きます。私たちの議長は毎年変わりますが、これは議会にとって健全なことだと言えます。同じ様式のアジェンダを引き継いだ場合でも、会議の進め方は決して同じにならないからです。

議長は、アジェンダに示された項目にしたがって、議員に発言させ、議員間のディスカッション（討論）の焦点を定め、議員の発言を整理し、それをもとにして、議決する内容を示します。これが議長の任務です。議員は、ディスカッションに参加し、議長が示した提案に賛成するか、反対するか、挙手という形で明らかにします。議長の提案に対して、どう判断するべきかが分からない場合は、棄権することもできます。しかし、これが度重なるのは感心しません。町議会とパリッシュ議会の全国協会が出版している『議員ガイドブック』も、できるだけ共通の基盤に立って、建設的な解決を求めるべきだと強調しています。この『ガイドブック』は、また、議員の発言に様々な注意をしています。たとえば、議員の発言は短く、ピントがあったものでなければならない。発言は議長を通してしなければならない。同僚議員をやりこめる発言をしてはならず、また、同僚議員の個人的な攻撃もしてはならない…等々です。そして、ユーモアのある発言、良識ある発言を薦めています。

会議を仕切っているのは議長です。この議長の地位は法的にも認められていますし、他のすべての議員は議長に敬意を表さなければならないとされています。ソルタッシュ町の会議規則（Standing Orders）も、議長が会議を適切に仕切ることができるように、いくつかの定めをしています。たとえば、議長が話を始めたときには、発言中の議員も、他の議員も、議長の話が終わるまで沈黙していなければなりません。また、議員が発言する際には、議長の許可を得る必要があります。

そして、2人以上の議員が同時に発言したいという意思表示をしたときには、議長が発言者を決めることになっています。

議員は議長の指示を無視することはできません。意識的に会議を妨害することもできませんし、調和のとれない行動をすることもできません。議会に攻撃的な態度をとることができないのはもちろんです。ある議員がこれらの違反行為をしていると議長が判断する場合、議長は、この議員を退出させるという動議を議会にかけることができます。そして、この動議に賛同する議員がいれば、ディスカッション抜きで全議員による採決にかけられ、違反行為をしている議員は議場から退出させられることになります。これを決めているのも会議規則です。

5 市民も発言！

会議が中盤にさしかかりますと、建物の新築・改築・増築を求める住民の建築申請をソルタッシュ町議会として認めるか否かの審議が始まります。建築許可は、コーンウォール県の権限ですが、事前にソルタッシュ町議会が意見を提示し、それを県が尊重することになっているのです。この県と町議会の関係については、前述しました（参照：第1章第3節5)。

住民は他の住民の建築申請に大きな関心をもつことが多く、この審議には、一般に、多くの住民が傍聴に来ます。少し前に、自宅の庭に家を新築したいという建築申請がありましたが、この時にはその住宅建設に反対する住民が30人もやってきました。これらの住民は、会議で発言することができます。ただし、発言できる住民は、反対する住民の1人、そして、賛成する住民の1人だけです。発言を希望する住民は、あらかじめ事務局長に申し込みをし、議長の許可を得て、立ち上がって発言しなければなりません。発言時間は、1人3分です。

建築申請をソルタッシュ町議会として認めるべきか否かは、もちろん、議員の間で議論されます。そして、議論が集結した時点で、地元の議員がその申請を受けるべきか、拒絶するべきかの動議を提出します。ソルタッシュ町の議員は４つの選挙区で選出されていますので、建築申請の物件が所在する選挙区の議員のひとりがこの動議を提出するのです。そして、他の議員は、議長の指示にしたがって、この動議に賛成か、反対かの挙手をするということになります。建築申請は毎回かなりの件数がありますので、本会議では、そのひとつ一つについて、こういう審議が繰り返されます。

なお、議会での住民の発言は、こういう議案審議に加えて、特別に発言タイムが設けられています。ここでは、住民が様々な質問をすることができ、その質問に、回答できる議員が答えています。最近の質問には、建築申請のコピーを図書館でみることができるようにして欲しいという要請や、ソルタッシュ町で最近建てられた住宅の水道などの施設が不適切だという苦情がありました。

このほかに、住民にもっと意見を言ってもらおうと考え、本会議を開く前に、一定の時間をとって、住民に質問・発言してもらうようにしています。この質問・発言にはあらかじめ申し込みをする必要はありません。

参考のためですが、コーンウォール県議会は、本会議の冒頭で30分の時間を割いて、住民の質問に答えています。ただし、質問者は、本会議が始まる正味２日前までに、文書で質問を提出する必要があります。そして、この質問は50単語以内ですること、県の業務に関連するものであること、不真面目なもの、中傷的なもの、攻撃的なものでないことを条件としています。また、１人の住民は１年に２回までしか質問できません。

6　住民の声を共有！

ソルタッシュ町議会の本会議は毎月、最初の木曜日に開かれます。

その２日後の土曜日の朝、私たち町議４人が、町のメイン・ストリートの一角に机と椅子を並べて待機します。道を通りかかる住民に、議員と話し合う機会を提供するためです。話し合う内容は、それぞれの住民が抱えている問題です。

イギリスの町議はどこでも同じですが、ソルタッシュ町の議員の報酬は雀の涙ほどです。議員はボランティアです。したがって、土曜日の午前中を、この話し合いに割くのはなかなか大変ですが、しかし、これはデモクラシーという点で非常に重要な活動だと位置づけています。この話し合いで判明した事柄、たとえば住民がどういう問題を抱えているか等々が、毎回、本会議で公表され、それへの対応策が議員の間で話し合われます。

7 収入・支出は透明に！

町の経理、議員の公務支出などは、住民の誰もが確認できるようにしておくことが重要です。そこで、本会議では、常に、スタッフの給与としていくら支払ったか、水道代にどれだけ払ったか等々を公表しています。また、議長は各議員に、公務出張の交通費でどれだけ使ったか等々を明確にして記帳することを要請します。議員がこの要請に従わなければならないのは言うまでもありません。

また、役場の部屋の貸し賃や墓地の使用料などの収入も、本会議で公表しています。

8 委員会の議事録のチェック

本会議の後半部分では、委員会の議事録のチェックが行われます。ソルタッシュ町議会では、５つの委員会があります。これらの委員会は、もちろん、毎回、議事録を作成しています。しかし、この議事録は正式の議事録とは位置づけられていません。本会議のチェックを受ける必要があるのです。委員会の議事録は、アジェンダが送付される際に、添付されてきます。各議員が事前にチェックしておくためです。住民も掲示板や町のホームページでそれを見ることができますが、本会議の時は、傍聴席に配布されています。こうして本会議では、傍聴者が見守るなかで、議員が全員でディスカッションをし、チェックします。この本会議でのチェックを通過した議事録は、議員全員のサインをもらい、正式の議事録ということになります。

9　情報の提供

委員会も同じですが、本会議は公的な行事です。したがって、新聞や住民は、会議がどのように展開されているかを監視する権利があります。しかし、時には個人の一身上の事柄を審議しなければならないこともあります。こういうときには、新聞や住民には退室してもらうことになります。

しかし、こういうことはめったにありません。そして、本会議の状況は、常に、新聞が自主的に報道しています。とはいうものの、非常に重要な事柄を決定したときなどは、町議会として、新聞に報道を要請することもあります。

10　コモン・シール（Common Seal）の押印

本会議の最後には、イギリスの町らしい伝統的な行事が行われます。１人の議員が立ち上がり、コモン・シールを押すことにしたいという提案をするのです。コモン・シールというのは、ソルタッシュ町の“公印”のことです。そして、このコモン・シールが押されていない場合には、どんな行為も文書も効力がありません。そのため、その押印を議員が提案するのですが、本会議ごとに、議長がこの提案をする議員を指名します。そして、この議員の提案に続いて、別の議員がその提案に賛同する旨を表明し、それから、全議員が挙手で賛成の意思表示をします。これで、本会議は終了です。

11 最後はワイン・パーティー？

一般に、会議は2時間以上続けるべきではないといわれています。2時間を超えると、集中力がなくなるというのです。しかし、私たちの会議は3時間近く続く傾向があります。10年前は、頭の固い議員が多かったため、ソルタッシュ町議会も早く終わったと聞いています。が、最近のソルタッシュ町議会の雰囲気は非常に友好的で陽気です。政党の路線に固執して議論するという議員はいません。事務局長も、議長も、全議員が問題点に焦点を合わせて議論するように仕向けていくことに熟達しています。それで、活発な議論が展開されるのですが、それでも、会議は10時頃には終わります。

会議が終わった後は、ワイン・パーティーの始まりです。議長は議場に残っているすべての人々を招待します。新聞記者も、住民も…。そして、町長室（Mayor's Parlour）で1杯のワイン（あるいは2杯？）を飲み、みんなで語り合います。会議の締めくくりとして、非常に有意義な時間です。

第６節　ソルタッシュ町の県行政への影響力

1 県行政は、昔は、議会の委員会が仕切る！

私はコーンウォール県の南東部に位置するソルタッシュ町に住んでいます。今回は、私たちソルタッシュ町の議員が、さらには、町の住民が、このコーンウォール県の県政にどのような影響を及ぼしているかを説明したいと思っています。しかし、読者の皆さんにこれを理解してもらうためには、先ずは、コーンウォールの県政がどのように行われているかを説明する必要があるでしょう。

県の政策や優先順位を決めているのは選挙で選ばれた県の議員です。イギリスでは、昔から、これらの議員が行政分野別に設置された“委員会（committees）”のメンバーとなり、それぞれの“委員会”ごとに担当分野の政策を練り上げ、本会議で承認された後、その実施を職員に指示するという形で県や市の行政を行ってきました。議員は全員がいずれかの委員会のメンバーとなるため、すべての議員が政策形成に関わっているという自負と責任感をもっていたようです。

また、この委員会制度には次のようなメリットがあると言われてきました。

・議員は、担当する行政分野に関して、専門知識を得ることができる。

・説得する技術、会議を統括する技術、政治関係を調整する技術を伸ばすことができる。

・すべての委員会が住民に公開されているため、住民は政策決定を監視することができる。

・少数会派の議員も、政策の代案を提案することができる　…等々。

しかし、時代を経るにしたがい、委員会の会議は日常的な業務の議論に終始し、重要な政治問題は疎んじられるようになってきました。また、意思決定に手間取り、会議に膨大な時間がかかるようにもなってきました。さらに、もっと深刻なことですが、委員会が行政分野ごとに設置されているため、“セクト主義（compartmentalisation）”に陥り、行政の総合調整をはかることが難しくなってきました。

この結果、2000年の地方自治法によって、制度の変更が行われました。この変更は、制度の改正というよりは、革命というべきです。自治体の政策決定の仕方が根本的に変えられたからです。具体的には、自治体の意思決定と執行、そして、それらを監視するという機能を明確に区別することになりました。

2 コーンウォール県は議院内閣制

この2000年の改革の基本的な狙いは、行政の意思決定機関（執行機関）を設け、議員に執行機関の一員になるか否かを選ばせるというところにあります。そして、イングランドとウェールズの人口85,000人以上の自治体には、次の3つの形態から、どれかひとつを選定することを強制しました。

(i)　公選首長・内閣型；

住民の直接選挙で首長を選び、その首長が議員の中から2～9人を閣僚に任命する。

(ii)　公選首長・マネージャー型；

住民の直接選挙で首長を選ぶが、日常の執行機関の業務は議会が選任する有給のマネージャーに委託する。

(iii)　議院内閣型；

議会で議員の中から選ばれたリーダーと2～9人の議員で内閣（Cabinet）を構成する。この2～9人の閣僚は、リーダーの選任、議会の選任、いずれでも良い。

このうち、首長を公選するタイプについては住民投票で多数の同意を得る必要がありますが、いままでのところ、公選首長のタイプはあまり評判が良くありません。イングランドでは、これまで47の自治体で公選首長にするか否かで住民投票が行われただけです。しかも、公選首長に住民が同意したのはわずか13自治体で、あとの34自治体では否定されてしまいました。圧倒的大部分の自治体では、議院内閣型が採用されています。リーダーを含む内閣のメンバーは９人というのが一般的です。そして、これらの閣僚がそれぞれの行政分野を管轄しています。内閣（Cabinet）は、議会の本会議（the full council）で認められた予算の範囲内で、政策を決定し執行しますが、閣僚の数が、以前の“委員会”制に比べて、非常に少なく、政策責任の所在が明らかだといえます。

ところで、コーンウォール県には、以前は、６つの市（district）がありました。この市（ディストリクト）の下に町（town）あるいはパリッシュ（parish）と呼ばれる自治体があるというように、３層の自治体があったのです。しかし、2009年４月に県と６つの市（ディストリクト）が統合し、“統一自治体（Unitary Authority：UA）”になりました。この「町議員編」では、コーンウォール県という名前を使っていますが、正確には、以前の県と市（ディストリクト）の両方の機能を担っている自治体で、“コーンウォール統一自治体”というのが正確な表現です。私が町議をしているソルタッシュ町など、いわゆるパリッシュは、日本の町村とは異なり、行政機能はあまり担っておりません。日本での自治体の仕事は、ほとんどがコーンウォール県によって担われていると考えてもらえば良いでしょう。

このため、コーンウォール県には123人という多数の議員がいます。

これらの議員の政党別の内訳は、保守党の議員が47人、自民党が38人、無所属会派の議員が31人、コーンウォール自治党（Mebyon Kernow）が6人、労働党が1人、そして、無会派が1人です。コーンウォールではこれらの議員の中からリーダーを選ぶという議院内閣型のシステムを採用しています。保守党の議員が多いため、現在（2012年）のリーダーは保守党の議員です。このリーダーが9人の閣僚を選び、それぞれの閣僚が、財政、分権、児童サービス、環境、人事などの責務を担っています。

残りの多数の議員は“普通議員（non-executive Councillors）”と呼ばれていますが、これらの議員の責務は“監視（scrutiny）”です。内閣の仕事をチェックし、バランスのとれたものにするという責務です。このため、コーンウォール県議会には、財源、地域社会、児童、教育、環境などの分野ごとに、内閣の仕事をチェックする5つの“監視委員会（Scrutiny Committees）”が設置されています。これらの監視委員会のメンバーはそれぞれ15人ですが、環境・経済を監視する委員会だけは、16人の委員です。これらの委員はすべて議会によって、政党（会派）間のバランスをはかりながら、選出されています。選挙で示されたコーンウォールの有権者の声を公平に反映するためです。

3 監視はうまく機能しているか？

監視（scrutiny）という制度を設けた狙いは、議員を内閣の“批判する友達（critical friend）”にし、内閣の責任感を高め、行政をより良いものにするというところにあります。しかし、この議員の役割は容易に果たせるものではありません。監視者の対抗意識が強すぎれば、内閣のメンバーが協力を拒むことになりますし、監視がなれ合い的なものになれば、監視そのものの目的が損なわれるということになります。

理論的には、監視は、普通の議員（non-executive Councillors）を政策形成の場に据えようというものです。監視機能があれば、議員は強力で影響力のある政治家になり得ると考えられているわけです。し

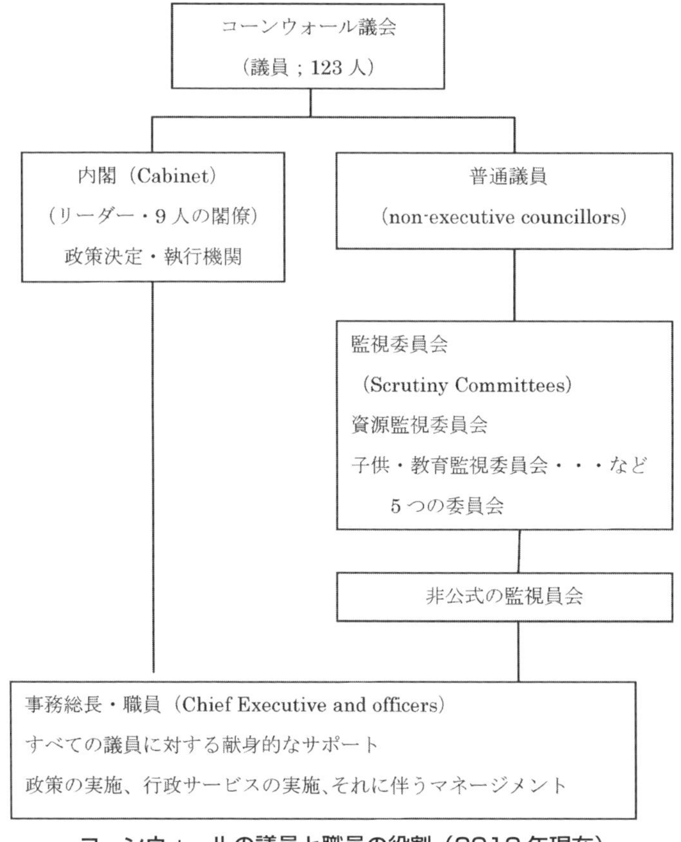

コーンウォールの議員と職員の役割（2012 年現在）

かし、長い間、委員会制度のもとで行政の意思決定に携わってきた議員にとって、これは全く新しい発想・方法であり、実際に、監視機能をうまくこなすのはなかなか難しいと言われています。監視委員会のメンバー（議員）は、もはや政策決定者ではないのだと説明されますが、これを聞いた議員は、政策決定のプロセスから完全に切り離されたと考えてしまいがちだからです。また、議員は、自分と同じ政党に所属する先輩議員を、公衆の面前で、あるいは、反対政党の面前で批判することを嫌うという傾向もあります。

4 執行機関（内閣）が小さすぎ？

コーンウォール県のように、県と基礎自治体（市；district）が統合され、統一自治体（UA）になっているところでは、少数の執行機関と多数の監視機関という議院内閣型のモデルはうまく機能しないのではないかと考えている県議員も多いようです。コーンウォール県は535,000人の人口を擁しています。面積も3,563km^{2}と広大です。その内閣に9人の議員しか所属していません。わずか9人で、コーンウォールの地方の状況を隅から隅まで知るなどということは、無理な話です。コーンウォール県の庁舎はトゥルーロ・シティ（City of Truro）にあります。シティ（市）という称号が与えられていますが、パリッシュ（あるいは町）のひとつです。内閣のトップであるリーダーは、このトゥルーロ市で執務しています。このトゥルーロ市から私が住んでいるソルタッシュ（Saltash）町に来るには、距離として80キロメートル、車で1時間ほどかかります。これでは、簡単にソルタッシュに来るわけにはいきません。事実、コーンウォール県のリーダーはリーダーになってから3年半経過していますが、この間にソルタッシュに来たのはたったの1度です。要するに、コーンウォールのような管轄区域が広い統一自治体での議院内閣制の採用は、昔の“委員会型”の行政に比べて、意思決定の責任の所在を明確にしましたが、そ

コーンウォール県

の反面、現場から遠く離れたところで意思決定がなされるという現象をもたらしています。

5 派閥の争いも！

議院内閣型の統治では、政権を獲得した政党（政権党）の派閥が政策決定に大きな影響力を持つということも忘れてはなりません。政権党の議員の考え方がいつも同質であり続けるということはほとんどありません。政権党のまとまりを維持していくのは大変です。リーダーは、政権党の議員に支持してもらうには、大変な努力が必要です。リーダーの意向に合わない議員が政権党から離れていく恐れがあります。多数の政権党の議員がリーダーを批判するようになれば、今度は、リーダーが辞めなければなりません。コーンウォールでは、去年の4月に、実際にこういう事態が発生しました。政権党の中の反乱議員がリーダーを追い出そうとしたのです。リーダーはわずかな差で、この事態を切り抜けましたが…。

6 幹部職員と政策形成

幹部職員も、政策が形をなしていく過程で、非常に重要な役割を果たしています。地方自治体レベルでの政策や行政施策は、公選された議員と幹部職員の公式・非公式のやりとりの中で形ができていくのです。幹部職員は、リーダーおよび各閣僚に提出するレポートの作成に多くの時間を費やしています。また、監視委員会の議員たちとも頻繁に会合を重ねていますし、幹部職員間の調整にも時間をかけています。これらは、すべて、政策を形成していくための助言を議員に提供するためです。

地方自治体は、また、法律で、モニターを任務とする職員の任命を義務づけられています。政策決定やその根拠となった文書を明らかにし、質を高めるためです。モニターの任務は幹部職員に与えられています。このため、幹部職員は、内閣に助言することと合わさって、意思決定に非常に大きな影響力を及ぼしているのです。

監視（scrutiny）委員会の仕組みにも目を向ける必要があります。議院内閣型というシステムの下では、議員は執行機関（リーダーおよび閣僚）とその他の議員に分けられていますが、幹部職員は、その両方に助言し、面倒をみなければなりません。幹部職員は、政策を形成する側にも、また、それを監視する側にも、尽くす必要があるわけです。コーンウォール県では、5つの“監視委員会”のそれぞれに、監視の専従職である“監視主幹（Scrutiny Officer）”と、もう1人の職員 —“公平主幹（Democratic Services Officer）”と呼ばれている職員 —を張りつけています。“監視主幹”の任務は、議員が監視項目を決める際にサポートし、綿密な調査ができるように補助し、議員に種々の助言をすることです。一方、“公平主幹”は監視委員会の会議の準備をし、審議項目を準備し、議事録をとるという任務を負っています。

7 リーダー、そして事務総長（Chief Executive）

幹部職員は、これまで述べてきたように、政策形成の上で重要な役割を果たしていますが、それらの職員の中でも、とりわけ重要なのは有給職員のトップの立場にいる事務総長です。コーンウォール県議会の本会議では、事務総長はいつもリーダーに寄り添って座り、会議の間、常に助言をしています。これをみても、事務総長の影響力は想像がつくでしょう。

リーダーと事務総長の関係がうまくいっているところでは、健全な意思決定がなされていると思います。しかし、この両者の関係は微妙です。リーダーと事務総長が互いに意見を闘わせすぎれば、両者の関係がぎくしゃくしたものになるかもしれません。また、両者が親しくなりすぎれば、なれ合い的な決定をする危険性が出てきます。リーダーは、自分の与党である政権党の議員（派閥）に気をつかわなければなりませんが、同時に、事務総長との関係にも気をつかう必要があるのです。ここ数年、リーダーとの関係がうまくいかないという理由で、事務総長が辞職するケースは少なくありません。つい最近も、人口28万人のニューカッスル市（Newcastle City）の事務総長が、リーダーとの関係に問題があるということで辞職したとのことです。逆に、リーダーと事務総長があまりにも親しいことから、問題が発生することもあります。コーンウォール県議会で、前述したように、この4月、与党議員がリーダーの辞職を迫るという事件が発生しましたが、これは、リーダーが事務総長の助言に従うあまり、与党議員から離れてしまい、与党議員の意見に耳を傾けなくなったからだそうです。

8 議員を地域の声の伝達装置に！

委員会制度を廃止した中央政府の狙いは、担当分野の政策を練り上げ、その実施を職員に指示するという“委員会の業務”から多数の議員を解放し、それぞれの選挙区での仕事にもっと時間をかけるようにしてもらうというところにありました。

内閣のメンバーではない“普通の議員”は、最上の政策、効果的な公金の使い方、地域のニーズを探るために、それぞれの地域の住民ともっと協議を重ねるということが期待されたわけです。そして、議会は、“普通の議員”がそれぞれの選挙区の有権者の声を議会に伝達しやすくするということが期待されています。

9 プレッシャーの強化

私たちの時代はパソコンやスマートフォンの普及など、個々の人々がそれぞれの個人化されたライフスタイルを持つようになりましたが、イギリスでは面白いことに、組織化されたグループやグループ活動が増えています。それに伴い行政機関に対するプレッシャー活動も増えています。

一方、中央政府は、自治体が他のあらゆるセクターと協同して仕事をすることを勧めています。現在（2012年）の保守党と自民党の連立政権も、“大きな政府（Big Government）”から“大きな社会（Big Society）”に変えることを訴え、多くの公共サービスを行政が担うのではなく、ボランタリー・グループに担ってもらうことを提唱しています。

いまや、地方自治体の行政を住民が監視するという時代から、地域社会が地方の行政を監視する時代に移りつつあるといっても良いでしょう。これは、国会議員や地方議員が積極的に動き、地域社会を巻き込んでいくことがますます必要になってきたことを意味します。

10 地域社会のネットワーク

コーンウォール県は、県内の各地域がそれぞれ直面している問題のすべてに、県が対処することはできないと認めています。そのため、県内を19カ所に区分し、それぞれに“コミュニティ・ネットワーク(Community Network Area)”を設置しました。この“コミュニティ・ネットワーク”をリードするのは、それぞれの地区から選出されている県議会議員、そして、その区域内にある町議会（パリッシュ議会）の代表です。また、それぞれの地域の地方組織やボランタリー団体、あるいは警察などを“ネットワーク”に加えることもできます。全体的には、この“コミュニティ・ネットワーク”は“自治マネージャー（Localism Manager)”と呼ばれている県の職員の管理下にあります。また、それに加えて、県は、それぞれのネットワークに、会議の統括をするマネージャーと、運営や文書事務を担当する職員2人を送り込んでいます。ネットワークを設置したのは、以下の目的を果たすためです。

・各地域のコミュニティ（地域社会）を巻き込み、各地域の行政サービスの改善をはかる。

・各地域の優先順位を確認・合意し、その順位にしたがってサービスを提供する。

・それぞれのコミュニティに提供されるサービスに対して、町議やパリッシュ議員がもっと大きな影響力を発揮できるようにする。

・各地域にどのような方法でサービスを提供するか、それぞれのコミュニティでその方法を選択できるようにする。

11 ソルタッシュ町の最前線で！

コーンウォール県のこういう変化の中で、私が住んでいるソルタッシュ町は、県の政策形成に、どのような方法で影響を及ぼすようになったのでしょうか。

先ず第1に、県の政策形成に、直接的な影響を及ぼす存在として、ソルタッシュ町で選出している4人の県議会議員がいます。これらの議員は、いずれも男性で定年退職者です。彼らはもちろん議員活動に熱心で、優れた人たちです。しかし、昔の“旧制度の学校”すなわち“委員会”システムのもとで議員活動をしてきた人々であり、“内閣スタイル”への移行によって新たな力を獲得したとは、どの議員も感じていません。その上、ソルタッシュ町の県議には、内閣のメンバーがおりません。どの議員も、コーンウォール県の政権党である保守党に所属していないからです。これは、内閣で政策を決定する際に、どの議員も相談されることはないということを意味します。コーンウォール県のリーダーが独裁的なスタイルの人物であるという問題もあります。リーダーは、成果を上げるためには、他の議員にあまり相談せず、自分が良いと思う政策を強行するのがベストだと考えているようです。こうした状況の下に、ソルタッシュ町の4人の県議は政策形成の中心に位置しているとは感じておりません。やる気を起こさせるのも、難しいようです。

私が町議をしているソルタッシュ町の本会議では、いつも、県議が県政について報告し、その後、町議が県議に対していろいろな質問をしています。これは、コーンウォール県の活動の生の情報を得るという点で、非常に有益です。また、われわれ町議が県の政策について考えていることを、県議会に伝えてもらうように要請することもできます。4人の県議は、トゥルーロ（Truro）市にある県庁舎で、これらの要請をもとにした種々の問題を提起し、ソルタッシュ町のために尽くしていることは確かです。また、県議会に手紙を送るという形で、ソルタッシュ町議会が直接的に意見を表明しています。しかし、ソルタッシュ町とトゥルーロ市とが離れすぎていること、県のリーダーが独裁者的であること、ソルタッシュ町の県議が誰も内閣のメンバーでないこと、しかも、いずれも与党のメンバーでないこと、等々が原因になっているのでしょうが、私たち町議の意見はあまり聞いてもらえないと感じています。

次に、“コミュニティ・ネットワーク”はどういう働きをしているのでしょうか。2009年、それまでの県と6市が統合されて統一自治体（UA）となったとき、“コミュニティ・ネットワーク”を通して地域の自治を実現するという構想が打ち上げられました。しかし、実際には、2年以上、ネットワークの“マネージャー”が任命されませんでした。ネットワークは、いわば力もなく、舵取りもいないという状態で2年間を過ごしたのです。とはいうものの、ようやくマネージャーが任命されました。このマネージャーは非常に有能です。ここ数ヶ月の働きぶりを見ても、さまざまな問題に手際よく取り組んでいます。たとえば、最近、ある業者がソルタッシュ町に住宅団地を建設しましたが、適切な道路やアメニティ施設などを整備する前に破産してしまいました。この土地は県の所有でもなく、ソルタッシュ町の所有でもありません。しかも、県も町も経費削減という事態に直面していますので、いずれもこの住宅団地に資金を投入しようとは考えていません。その結果、この8年間、手詰まり状態が続き、住宅団地の居住者は劣悪な生活環境のなかで、堪え忍んできました。そこに、“コミュニティ・ネットワーク”のマネージャーが登場したわけですが、このマネージャーはすぐに県議、県職員、ソルタッシュ町議の代表、住民グループの代表などを集め、みんなでその解決を協議しています。

“コミュニティ・ネットワーク”が本格的に活動を開始しはじめたことに伴い、県議も自分たちの影響力に気づき始めたようです。県議は、これまでも、特定の場所で週2時間、ソルタッシュ町民の意見や不平を聞いていましたが、いまは、地域の住民グループとの話し合いにもっと多くの時間を割き、ソルタッシュ町のための戦いを挑むようになっています。若者のグループやボランティア・グループがイベントを開く手助けをしたり、資金を調達する手助けを以前にも増してするようにもなりました。

2011年11月、地方主義法（Localism Act）という法律が公布されましたが、この法律は、地域のコミュニティが“近隣開発計画（Neighbourhood Development Plans）”を作成して、コミュニティを開発するという、新しい権利と権限を与えてくれました。この計画はコミュニティがつくるものであり、県や市が策定することはできません。ソルタッシュ町などのパリッシュは、この計画の策定をリードできる団体のひとつです。ソルタッシュ町では、数か月前に、住民協議会を結成し、町議会が“近隣開発計画”作成の先頭に立って、調整をはかっています。県議も情報提供という重要な役割を果たしてくれています。

12 県政への影響

コーンウォール県の“統一自治体（UA）”への移行は、町（パリッシュ）と県の関係を変えました。自治体としての“市”がなくなり、住民に近い自治体としては、町（パリッシュ）だけが存在しているのですから、コーンウォール県は、統一自治体への移行当時、ソルタッシュなどの町（パリッシュ）にもっと大きな権限を与え、戦略的な役割を果たしてもらうようにしたいと宣言していました。しかし、厳しい経済状況に伴うサービスのカット、ソルタッシュ町と県庁所在地トゥルーロ市との距離、統一自治体（UA）への移行当初の混乱、“委員会”システムから内閣システムへの劇的な移行のためだと思いますが、最初の数年間は、ソルタッシュ町議会の声はあまり県に聞いてもらえないと感じていました。しかし、いまは、ソルタッシュ町の県議が“伝達装置（conduits）”としての役割を楽しむようになったために、また、“コミュニティ・ネットワーク”が力強い役割を果たすようになり、さらには、さまざまなプレッシャー・グループが出現してきたため、私たちソルタッシュ町議会は強くなったと感じています。さらに、2011年の地方主義法は新しい力を町議会に与えてくれました。いまの段階では、まだ理想にはほど遠いですが、ソルタッシュ町議会は県の政策形成に大きな力を発揮できるようになりつつあります。

第７節　予算をどのようにつくるか？

1　地方税は１種類しかない！

日本の都道府県や市町村の税金にはさまざまなものがあるそうですね。住民税あり、法人事業税あり、また都市計画税や固定資産税、さらには、消費税、たばこ税などもあると聞いています。温泉に入っても、入湯税といった地方税を払わなくてはならないそうですね。これは、日本の地方自治体がさまざまな方法で幅広く人々から税金を徴収しているということを意味します。こういうことから言いますと、税金として徴収した財源をどう使うかについて、日本の自治体はあまりプレッシャーを感じないのではないでしょうか。少なくとも、イングランドの地方自治体に比べれば、財源の使い方が自由だと思います。

イングランドの地方税は１種類しかありません。“カウンシル・タックス（council tax）”と呼ばれている税金ですが、日本の固定資産税と住民税の合わさったような税金だと考えてもらえば良いでしょう。ただし、固定資産税と言っても、土地や住宅の所有者にかけられる税金ではありません。そこに住んでいる人にかけられる税金です。そのため、地方税を払う人々はその地方の住民だけということになりますから、住民は、それだけ、税金の額や使い方に関心を向けるということになります。恐らく日本に比べて、はるかに多くの住民が、予算に関心を持ち、その結果、予算を決定する議会・議員にプレッシャーがかかっていると思います。

2 税額はそれぞれの自治体が決定！

日本では、地方税の額はほとんど法令で定められているのではないでしょうか。そのため、自治体の予算をつくるという作業は、もっぱら支出をどうするかという点に重点が置かれていると聞いています。イングランドはそうではありません。地方税をどれだけ集めるかは、それぞれの自治体で、毎年、決定するのです。予算策定の最後の詰めがこの税額の決定だと言えます。

予算の策定は、まず、どういうサービスを実施するかという支出の計画づくりから始めます。それから、それらのサービスに対してどれだけの補助金が中央政府からもらえるかを計算し、サービスの料金や使用料を見積もり、また、中央政府から交付される“ビジネス・レイト”と呼ばれる交付金の額を見積ります。これが予算の最初の段階です。

そして、サービスに必要な金額と、入ってくる収入の総額を比較し、不足する金額を確定しますが、この金額は支出全体のごく一部です。ほとんどが中央政府から交付される補助金などで、支出をまかなうことができるからです。念のために言っておきますと、この中央政府から交付される実際の金額は、中央政府の裁量で決まるというわけではありません。すべて客観的に決まっています。もちろん、自治体が中央政府に陳情に行く必要はありません。自治体自身で、その金額をはっきりと計算することができます。このような計算のもとに、計画したサービスを実施するためには、収入がどれだけ不足しているかが分かります。この不足分が“カウンシル・タックス”の総額となるのです。それから、各住宅というか、各住民に具体的に課税する金額を計算していきます。

自治体が実施するサービスは、自治体によって、かなり違います。サービスが充実している自治体もあれば、そうでないところもあります。この結果、地方税の額は、自治体によって、違います。実施しているサービスの内容、サービスのレベルによって、税額が高くなる自治体もあれば、安い自治体もあるということになります。とはいうものの、現在は、地方税をあまり高額にすることはできません。税金の額が高すぎると中央政府が判断した場合、自治体に対して、税額を下げなさいという命令を出すことができるからです。これは“キャッピング（capping)”と呼ばれていますが、この“キャッピング”は、1984年に、当時のサッチャー首相（保守党政権）によって創設され、それ以後、自治体は税額を自由に決められないということになりました。

もっとも、このシステムは、現在の保守・自民の連合政権（キャメロン首相）によって2011年に制定された地方主義法（Localism Act）のもとで変わりつつあります。しかし、今のところは、まだ、サービスを提供するのに必要だと考える税額を、地方自治体は自由に設定できるというようにはなっていません。2013年以後は、納税者の投票（レファレンダム）で承認を得ることができれば、中央政府が勧告する税額リミットを超える“カウンシル・タックス”を徴収できることになりましたが…。

3 ソルタッシュ町の性格

私はソルタッシュという町（town）の議員ですが、この“町”は前に説明しましたように、日本の町とは位置づけが違います。イングランドの地方自治体は、地方圏の場合、一般的には、広域の自治体としての“県（county council)”、基本的な自治体としての“市（district council)”、そして、その下に設置されているパリッシュ（parish council）の3層制になっていますが、“町（town council)”という位置づけをされていますのは、このパリッシュの中の人口の多いところです。

日本の町は、これは市でも村でも同じだと思いますが、法律で“行政”の処理を義務づけられているのではないでしょうか。ところが、イングランドのパリッシュ（あるいは町）はこういう義務づけをされておりません。住民に対してどのようなサービスを提供するかは、それぞれのパリッシュが自主的に決めているのです。もちろん、県や市と協議して決めていることもありますが…。あるいは、いろいろな住民組織との協議によって決めることもあります。

日本の町と同じような“行政”を担当しているのは、イングランドの場合、表面的には、市（ディストリクト：district council）だといえそうです。しかし、学校教育のような“行政”については、市は担当していません。学校教育の責任は県（county council）にあります。このことから言えば、日本の町に該当するのは、正確には、市（district council）と県（county council）だと言うべきかもしれません。いずれにしても、私が議員をしているソルタッシュという町は、日本の町とは性格が異なる自治体なのです。

したがって、ソルタッシュ町の予算の策定手順やその意味を日本の皆さんに理解してもらうには、まず、イングランドの県や市の予算がどのように策定されているかを見てもらう必要があると思います。そこで、私が住んでいるコーンウォール県の予算がどのようにつくられているかを見ます。

4　コーンウォール県の予算

コーンウォール県の人口は535,300人で、県と市の両方の機能を備えた統一自治体（Unitary Authority；UA）です。議院内閣制の自治体で、現在、2009年の選挙で第１党となった保守党が、無所属議員と連合して、政権をとっています。現時点の政党勢力は、保守党議員が47人、自民党議員が37人、無所属議員が31人、そして、６人の独立党議員です。この独立党というのは、コーンウォールをイングランドから独立させようという政党で、“Mebyon Kernow”というコーンウォール語の名前がつけられています。

コーンウォール県は、県と市の両方の機能をもつ統一自治体（UA）ですので、提供しているサービスは広範囲にわたります。その結果、予算の額は非常に大きくなり、毎年6億ポンドを超える予算になっているようです。規模も大きく、22,000人を超える職員を抱えています。もちろん、コーンウォールで最大の雇用者です。

2011年度はコーンウォールの住民に対するサービスの経費として460百万ポンドつけました。その予算の内訳は…

収入；

中央政府からの交付金（Government grant）

217百万ポンド

カウンシル・タックス（地方税）（Council tax）

241百万ポンド

昨年度からの繰越金（Money left over from last year）

2百万ポンド

支出；

高齢者福祉（Adult care and support）

134百万ポンド

環境、経済発展（Environment, Planning & Economy）

95百万ポンド

児童福祉、教育（Children, Schools and Families）

73百万ポンド

地域社会（Communities）

45百万ポンド

その他（Other departments）

113百万ポンド

この予算のもとで、コーンウォール県の行政を仕切っているのは内閣（Cabinet）[6]です。この内閣は11人の県議会議員で構成されています。内閣は、コーンウォール県の政策（policies）を定める責任があり、また、その政策を実現するための戦略（strategy）をたてる責任があります。議会の本会議に政策や戦略を提案するのも内閣です。したがって、政策や戦略が予算という形で本会議にかけられる前に、内閣のメンバーは、時間をかけて予算案を審議し、修正し、合意に達しています。このため、本会議は予算案を実質的に審議することはなく、形式的に承認するために本会議を開いているという地方自治体もあるようですが、コーンウォール県のように、第１党が過半数を占めているわけではなく、他の少数会派と連合政権をつくっているような自治体では、そういうことはありません。野党が、予算案を審議する本会議を利用して、政権党と政策論争をし、“政治的ポイント”を稼ごうとするからです。その結果、コーンウォール県議会の予算審議は、常に、燃え上がる可能性があります。

5　予算策定時期の繰り上げ

コーンウォール県の予算は、従来は、毎年２月に議会で承認されてきましたが、2010 年、その時期が早められ、11 月に予算が編成されることになりました。これほど早く予算を編成する自治体は、イングランドの中でも、めずらしいといえます。

コーンウォール県が予算編成を早めたのは、中央政府から交付される財源が、それ以後４年間にわたって、約 30％減額されることになると予測したからです。この減額は、2011 年以後、実に 110 百万ポンドの経費を削減しなければならないということを意味します。その対応策として、コーンウォール県はできるだけ早くに予算を組むことにしました。

コーンウォール県の支出の半分近くは職員の人件費です。そして、中央政府の交付金が減額されることに伴い、この２・３年の間に、2,000 人ほどの職員を解雇しなければならなくなるというのが、コーンウォール県の見積もりでした。そして、できるだけ早くに、多くの職員の解雇をはかるために、職員組合と協議を重ねました。解雇の決定が遅くなればなるほど、住民サービスなどに及ぼす影響が深刻になると考えたからです。職員組合も、それを了解し、職員カットの時期に同意しました。

職員カットの時期を提示することによって、長期にわたる経費節減をすることができるようになり、しかも、住民サービスを守ることができるというのが、コーンウォール県の発想でした。こういう考えのもとに、2010年には、9月13日にコーンウォール県の内閣で予算審議が始まり、11月に、議会の本会議で審議されるようになったのです。

この取り組みは成功したように見えます。2011年度に、コーンウォールと同じような規模の自治体は大幅な経費削減を実施しなければなりませんでしたが、コーンウォール県の場合は、それほど深刻ではなかったのです。この2011年の実績に勢いを得たのでしょう。コーンウォール県は2012年度の予算も早くに編成し、2011年の11月29日に議会の本会議で承認されました。

しかし、十分な情報がない中で予算の審議をしなければならないと批判している野党（反対党）議員もいます。“未知の予算（Budget of Unknown)”だというのです。確かに、予算編成の時期を早めれば、経費削減の処理能力を高めることができるように見えます。しかし、一方では、予算編成を担当するスタッフに対して、早い段階で必要な分析資料をそろえなければならないという非常に大きなプレッシャーを加えます。この作業は大変な作業なのです。

6 パリッシュ（町）の税金

ソルタッシュ町のようなパリッシュも、サービスを提供するのに必要な金銭を町民から徴収します。地方税は、一般的には、県・市・パリッシュ(町）という３層の自治体のなかの基本的な自治体（principal authorities）である市（district）が集めています。その市の税金に、パリッシュの税金を上乗せしてもらうのです。これは一般の県（county councils）も同じで、県の税金も、市の税金に上乗せして徴収してもらっています。このようなパリッシュや県の税金を“プリセプト（precept)”と呼んでいます。市が集めるカウンシル・タックスのなかには市独自の税金とともに、この“プリセプト”すなわちパリッシュの税金や県の税金が含まれているわけです。

ただし、コーンウォール県の場合は、一般の県と市が統合された統一自治体（UA）になっていますので、その統一自治体（UA）であるコーンウォール県がカウンシル・タックスを集め、そのなかに、パリッシュの税金も含まれているということになります。もちろん、パリッシュは中央政府の補助金を申請することもできます。しかし、中央政府から直接的に補助金を受け取ることはできません。

これは面白い現象だと思いますが、パリッシュは毎年度の予算編成でパリッシュの税金（プリセプト）をどれだけ引き上げても、中央政府から“減額の命令（キャッピング)”を受けることはありません。

コーンウォール県内のパリッシュの場合は、毎年同じレベルの税金をかけているというところが一般のようですが、特別の事業をするために、税金を引き上げるところもあるようです。

7　ソルタッシュ町の予算の策定；税金を引き上げるか？現状維持か？

私は、ソルタッシュ町の議員として、予算にたずさわってきましたが、予算の編成というのはバランスをとることだと今更のように感じ入っています。住民に必要なサービスの実施を決めようとは思いながら、その一方では財政状況を考えなければならず…。とにかく、無茶はできません。

必要なことをすべてやろうとすれば、結局は、何もできないというのが現実です。そこで、ソルタッシュ町の議会は、予算を審議するにあたって、まず、翌年度以降に何を優先して行うべきかを検討するための会議を開きます。今年（2012年）の“優先順位設定会議（Priority Setting）”を開いたのは、9月10日でした。この会議で、最初に、住民に課税する税額をどうするかを検討しました。選択肢は次の4つでした。

(a) サービス充実させるために、
税金を大幅に引き上げる（10%）。

(b) サービスを維持するために、
必要な税の引き上げをする（5%程度）。

(c) 税額を現状のままとし、
そのために、サービスを少し少なくする。

(d) 税額を大幅に引き下げ、
そのために、サービスを大幅に削減する。

この選択については、少しは議論がありましたが、すぐに全会一致で今回は(b)を選ぶということになりました。現行のサービスを維持し、そのために、5%程度の税の引き上げをするということにしたわけです。

8 優先順位の設定

次は、いよいよ、優先順位の設定です。最初に、すべての議員が、4年間の任期中に実施したい事業を「紙片」に書き、それを机の上に並べます。そして、次の項目にしたがって、当てはまるものを選んでいきます。残った「紙片」は、かき混ぜられ、再度、どの項目に当てはまるかの検討をするというように、すべての「紙片」の区分けをします。もちろん、全議員の合意が必要です。

⑴　最優先する事業（Top Priority）
（ここに当てはまるのは、ひとつの事業だけです）

⑵　優先度が高い事業（High Priorities）

⑶　優先度が普通の事業（Medium Priorities）

⑷　優先度が低い事業（Low Priorities）

⑸　優先しない事業（Non Priorities）

この⑸の「優先しない事業」という項目には、検討したものの、⑵～⑷のグループに入れることができないと判断した事業を区分けします。実現可能性が全くなく、区分けする意味がない事業ということになりますが、しかし、議員全員で検討したということを示すために、この項目に区分けしています。

この優先順位の区分けは、４年間、固定して続くというものではありません。年度が改まりますと、その見直しをします。しかし、もう一度「紙片」に実施したい事業を書くとか、「紙片」を机に並べるというようなことはありません。次年度は、最初の区分けの一覧表（これは事務局長が作成する）をもとにして、区分けをしたものを動かすかどうかの検討をするわけです。

今年の９月10日に開かれた“優先順位設定会議”では、来年度に「最優先する事業」を１時間以上の時間をかけて検討し、最終的に、

“タウン・センター改良事業”を最優先することにいたしました。

それから、他の分類の事業の検討に入り、今年の区分では、“ソルタッシュ駅改良の推進”など13の事業を⑵の「優先度が高い事業」に区分けしていましたが、この13事業のなかの3事業を⑶の「優先度が普通の事業」に、そして、1事業を⑶の「優先しない事業」に移しました。

その一方では、今年の位置づけでは、「優先度が普通の事業」となっている事業、さらには、「優先度が低い事業」として区分けされているもののなかから、1事業ずつ、合計2事業を選び、それらを⑵の「優先度が高い事業」に位置づけることにしました。

今後の予算策定の作業は、議会の委員会レベルの審議に入ります。この“優先順位設定会議”の決定にしたがって、委員会がそれぞれの支出をどうするかを決めていくわけです。

すなわち、各委員会は、今年と同程度のサービスを維持できるような予算を工夫しなければなりませんし、それと同時に、今年度に比べて課税額が5%を超えることがないように支出の調整をする必要があるということになります。

この支出の検討をする際には、各委員会は、「最優先する事業」そして「優先度が高い事業」を念頭に置き、その実現をはかることができるように、政策決定（予算策定）をしなければならないのはいうまでもありません。

9 今後の姿

今、イングランドの地方行政は予算削減に迫られる一方、公共サービスの要求の高まりを受けて、転換期を迎えています。2020年頃には、公共サービスはほぼ全面的に外部委託になっているかもしれません。行政の仕事は、サービスの外部委託を管理するという仕事になりつつあります。いわば、“小さな政府”に向かって突き進んでいるともいえます。地方行政は、中央政府からの補助金を削減されているだけではなく、地方税を引き上げてはならないという圧力も、中央政府から、かけられています。そのため、自治体の幹部は、自治体が今後どうなっていくのか、危惧しているところです。

ソルタッシュはパリッシュであるため、中央政府によりキャッピングされることはありません。そのため、予算決定をするにあたり、ある程度の自由裁量権があります。住民が重要だと思うサービスを提供することができています。しかしこの状況がいつまで続けられるか今後の行方が注目されます。

注

6　内閣（Cabinet）については p.76 参照。

第８節　変化を求めて！

1 議員の活動は？

私が補欠選挙でソルタッシュ町の町議に立候補し、議員になってから、２年も経ちました。議員になる前は、議員活動がこれほど私の生活時間を奪うとは想像していませんでした。イギリスでは、町議レベルの議員は全くのボランティアです。議員報酬がないわけではありませんが、年俸でたったの160ポンドです。日本円での換算で言えば、大体23,000円ということになります。これで生活することが出来ないのは言うまでもありませんから、すべての町議が別の収入源、仕事を持っているか、年金を貰ってやっています。そのため、議員活動はボランタリーでできる程度のものだと一般には考えられているのです。私も、恥ずかしい話ですが、そのように思っていました。私の議員としての責任は、月に一回開かれる議会の本会議に出席することだろうと考えていました。これは大変な間違いでした。私が出席しなければならない会議だけでも、毎週、２回は開かれるというのが実態です。

どうしてこれだけ多くの会議に出席することになるのでしょうか。まず、議会の本会議（full council）があります。この本会議には、すべての議員が出席しなければなりません。本会議は、毎月第１木曜日の午後７時から開かれます。夜に開かれるのは、ひとつには、大半の議員が“日中の仕事（daytime job）”を持っているからですが、もう一つの理由として、夜に本会議を開催すれば、一般の住民が参加しやすいということも挙げられます。この本会議では、町役場の仕事の大部分が審議され決定されます。

しかし、ソルタッシュ町では、毎月、第2火曜日にも会議が開かれます。この会議も、始まるのは午後7時です。この会議で論議されるのは、建築許可申請（Planning permission）についてです。ソルタッシュ町が位置するコーンウォール（Cornwall）県では、建築許可申請を認可するかどうかの権限は県当局が持っています。しかし、コーンウォール県の県庁はトゥルーロ・シティ（City of Truro）[7]にあり、私が住んでいるソルタッシュ町から車で1時間かかります。これでは、簡単にソルタッシュに来るわけにはいかず、県の職員は、ソルタッシュ町での建築許可申請にからむ背後の事情にあまり通じておりません。そのため、県当局は、ソルタッシュ町の区域内の建築許可申請については、その決定をする前に、ソルタッシュ町議会に許可すべきかどうかを問い合わせてきます。（ソルタッシュ町だけではなく、県内のすべてのパリッシュに問い合わせていますが…）。

ソルタッシュ町では、毎月、10件から20件の建築申請があり、そのなかには、問題がある申請もしばしば含まれています。町議会の本会議は、この建築申請の検討を抜きにしても、夜の10時頃までかかることは少なくありません。その上、建築申請の検討をするということになりますと、私達議員は深夜まで家に帰れないということになるでしょう。こういう次第で、毎月、第2火曜日に特別議会を開くことになったのです。この議会では、もちろん、建築許可申請の検討を専ら対象にしています。この結果、通常の議会の本会議で建築許可申請を議論するということはほとんどありません。

このようにソルタッシュ町議会は月に2度の会議を開いていますが、そのほかに、各議員は2つの委員会に参加します。そして、委員会も月に1度開かれますから、結局、私達議員は1週間に1度は議会に出席しなければなりません。それに加えて、私の場合で言いますと、町議を代表して、ソルタッシュにあるユース・クラブの運営委員会に出席していますが、この運営委員会が月に１度開かれます。また、ソルタッシュでは、商店街の活気を持続するために、議員と経営者が定期的に話し合う場（フォーラム）を開いています。私もこのフォーラムのメンバーです。そして、このフォーラムも…月に１度開かれています！

この結果、毎週少なくとも２晩は、私の夫が７歳と３歳の２人の娘を寝かせつけなければなりません。この夫の、そして子供たちの全面的な支えがなければ、私は議員としての責務を果たすことはとうてい出来ないでしょう。ボランティアとしての議員の役割を果たすためには、議員本人だけではなく、議員の家族にも大きな負担をかける必要があるのです。この日常的な活動に加えて、特別のイベントも行われますが、その負担はさらに大きくなります。

2 オリンピックの聖火リレーで輝いた町

昨年（2012年）５月、ロンドンでオリンピックが開かれたことはご存じの通りです。この時、「ロンドン・オリンピック組織委員会(LOCOG)」から、ギリシャのオリンピアで太陽から採火した聖火(the Olympic Flame）を私達が住むコーンウォールに運び、そこからロンドンまで聖火リレーをするという発表があり、また、聖火が通過する各県はそれぞれ聖火リレーを工夫するようにという指示がありました。コーンウォールから聖火リレーがスタートするのです。コーンウォールに目を向けてもらう絶好の機会です。コーンウォール県は世界の人々を引きつけるための努力をしようと決意し、聖火リレーを計画する責任者として新たに企画官（Project Officer）を採用し、この企画官のもとに、危機管理、交通、ゴミ処理、地方自治、広報などを調整するタスク・フォース（特別チーム）を組織しました。タスク・フォースには、これらの各部局の代表者、さらには、警察、消防、救急などの代表者が加わりました。

もっとも、コーンウォールの大部分の地域で聖火を運んだのはトラックでした。しかし、県内の21の町（コミュニティ）では、トラックから聖火が降ろされ、ランナーの手から手へとリレーされました。そして、幸いにもソルタッシュ町はこれらのコミュニティのひとつに選ばれたのです。2011年11月、これらの21の町（パリッシュ）の代表者は県庁で開かれた会議に集められました。ソルタッシュ町から出席したのは町長（Mayor）と事務局長（Town Clerk）です。しかし、この2人は、私が以前に長野オリンピックの組織委員会で働いていたことを知っていましたので、私も一緒に行くことを要請され、同行しました。会議はさまざまな部局の説明、1時間にも及ぶ説明で始まりました。ゴミ処理をどうするか、交通規制をどうするか等々の説明でした。聞いていると、大変な内容だということが分かりました。コーンウォール県当局だけではなく、町議会にも聖火リレーを盛り上げるイベントを開催することを求めるものだったのです。

町長と事務局長は「そんなことは出来ない」とつぶやきながら…私を見ました。大変なことです。私の議員の責務という点でも最も大変な責務になりそうです。コーンウォール県ではイベント企画のために新しく企画官（Project Officer）を採用しているのです。しかも、その報酬は20,000ポンドです。これに対して、町議会にイベントを企画させるというのは、町議にボランティアでイベントを企画させるということを意味します。こういう県の姿勢は、ちょっと厚かましいのではないでしょうか。

とは言いましても、オリンピック聖火が私の町を走り抜けるなどということは、少なくとも私が生きている間には、二度とありません。また、今回の聖火リレーがソルタッシュのコミュニティの精神を創りあげる絶好の機会だということも十分に分かっていましたので、聖火リレーのイベントに関与することにしました。私の夫は、数か月間は週に4晩、いや応なしに子守りをすることになったわけです。

私は、聖火リレーのイベントを、出来るだけ多くの人々が参加するようなものにしたいと考えました。また、この聖火リレーのイベントをきっかけにして、ソルタッシュの人々が今後の町の行事に積極的に参加するようになる。そのようなイベントにしたいと望みました。最初に試みたのは、「ソルタッシュ聖火リレー特別チーム（Saltash Torch Relay Task Force）」に参加してくれるようにという住民への呼びかけです。そして、最初の会合になんと40人の人々が集まってくれました。予想外の数で、本当にびっくりしましたが、これらの人々は、ソルタッシュ町のさまざまなグループの代表でした。こうして、聖火リレーが通り抜ける時に、どういうことをして住民や見物人をわくわくさせるかを特別チームで考えました。さまざまなアイデアから、聖火リレー・コンサート（100人の子供たちの音楽会）を開こうという企画を採用しました。また、15のスポーツ・クラブが“パスポート”を発行し、無料でスポーツの体験をしてもらおうという企画を出してくれました。人々がパスポートを手に循環バスでスポーツ・クラブを回ってスポーツを体験し、6つ以上のクラブのスポーツを最初に体験した50人にオリンピック・コインを出そうという企画でした。

また、太極拳のレッスンの世界記録を樹立しようという提案もありましたし、聖火リレーが通過する時に人々が打ち振る旗を、住民自身に作ってもらおう、そのための染色の作業場もつくろうという企画もしました。

聖火リレーの当日、私達、特別チームの面々は疲れ果てていましたが、イベントに来てくれた人々の顔に笑顔が浮かんでいるのを見て、その労が報われました。なんと、10,000人ほどの人々が聖火を見に来てくれたのです。ソルタッシュの人口は16,000人ですから、半数以上の住民が来てくれたことになります。聖火リレーはコーンウォール県の全域で盛り上がり、メディアでもコーンウォール全域のイベントが広く報道されました。1,700万ポンドの広報に匹敵すると言われたほどです。そして、コーンウォール県は聖火リレー報道で全国1位の

聖火リレーボランティア賞の受賞（向かって右から２人目が筆者）

表彰を勝ち取りました。私の努力も認められ、コーンウォール観光振興局（the Cornwall Tourism Agency）からオリンピック聖火リレーボランティア賞（the Olympic Torch Volunteer Award）を受賞したのです。

3 クリスマスのイベント；ランタン・パレード

聖火リレーの成功によってボランティアの精神に目覚めた私は、今度は、町のクリスマスのイベントに取り組むグループを組織しようと考えました。従来は、町議会の住民生活委員会（Civic Amenities Committee）の委員長に就任している議員がクリスマスのイベントを組織するというのが、私達の町のしきたりでした。しかし、委員会の委員長が毎年交代するため、継続性はありません。それに、議員は実に多忙ですから、クリスマス・イベントを計画したりする暇はないのです。その上、私は、クリスマス・イベントが町のイベントではなく、住民自身のイベントであると住民に感じてもらいたいと強く思っていました。これまで、クリスマス・イベントには300人から400人の住民が参加してきましたが、さまざまな住民のグループを巻き込んで、もっと多くの住民に参加してもらいたい…と考えたのです。

そこで、私は、町のクリスマス・イベントの予算を使う権限を町長（Mayor）に認めてもらい、イベントを企画するグループを立ち上げました。私達は、そのグループを「ソルタッシュ町クリスマス祭企画委員会（Festive Representative of Saltash Town）」と名付け、頭文字を取って"フロスト（FROST）"と呼んでいました。まず、聖火リレーで協力してくれた町のグループに招待状を送り、うれしいことに、約20人の人々からFROSTに参加するという返事をもらうことが出来ました。この20人は、消防士や警察官、町の音楽グループ、商店主、地方新聞社、中学生など、さまざまなグループの人々でした。そして、6か月間、これらの人々と一緒にクリスマスのイベント企画を練り、19世紀のヴィクトリア時代を演出することにしました。各商店主に頼んで、ヴィクトリア時代の衣装を身につけてもらい、ヴィクトリア時代の馬車（2頭立ての馬に牽引された美しい馬車）を借りて雰囲気を盛上げてくれるようにしたのです。イベント当日は、老人ホームに住んでいる人々がヴィクトリア時代の衣装で着飾り、子供たちも加わって、町のいろいろな場所で、クリスマス・キャロル（賛美歌）を歌いました。中学生たちは隠れ家（grotto）を創り、そこで子供たちがサンタクロースに会えるのです。この隠れ家で、人々に、入場料の代わりに、ソルタッシュ・フードバンクと呼ばれる団体（困窮者に食事を提供する団体）への寄付金をお願しました。私達は、職人さんが店を出して自分たちの作品を売ることが出来るように大きな天幕をはりました。

こうした催しは全般的に好評でしたが、しかし、最高に人々を引きつけたイベントは光り輝くランタン・パレード（Lantern Parade）でした。このパレードを行うために、ソルタッシュ町は２人のアーティストを雇用し、町の４つの小学校へ10月に派遣しました。子供達にランタンをつくってもらうためです。ランタンは木と紙でつくられたピラミッド型の提灯で、なかにLEDの懐中電灯を取り付けて光るようになっています。また、町内各地のスポーツ・クラブや地域のグループでランタンをつくるための講習会を開きました。このようにして全部で250のランタンがつくられ、町で保管しました。クリスマス・イベントの当日、ランタンが町役場に並べられ、それをつくった人々が集まりました。自分がつくったランタンを手にするのですから、皆が高揚し大騒ぎでした。それから列をつくって役場を出発し、メイン・ストリートに向かいました。ソルタッシュ町の吹奏楽団がパレードを先導し、それに続いたのが町長でした。町長は特別のランタン、講習会で自分自身がつくったランタンを手にしていたのですよ！

ランタン・パレード

250人の人々が自分でつくったランタンを持って町のメイン・ストリートを練り歩くという光景は、それはそれは、華やかでした。しかし、ランタン・パレードを計画した私たちFROSTのメンバーにとっては、このパレードを2,500人の人々が見物に来たという光景のほうが、もっと感動的でした。小学生の子供達にランタンをつくってもらえば、おじいちゃんやおばあちゃん、親類の人々など、見物に来てくれる人は1,000人を下らないでしょうと期待していましたが、2,500人も来てくれるとは…。想像をはるかに超える数でしたし、素敵な光景でした。

4 もっと先へ！

このように私は議員活動に猪突猛進して来ましたので、私の家族は非常に大変だったと思います。しかし、娘たちが自分でつくったランタンを手にしてパレードに参加しているのを見ると、あるいは、聖火リレー・コンサートで長女が歌っているのを聞くと、そして、もし私が議員になってなければ、娘たちはこれらの幸せな思い出を持てなかっただろうと考えますと、私の猛進もそれなりの意味があったと考えています。私は町を活性化させようと奮闘してきましたが、それぞれの機会でコミュニティに変化をもたらせようと楽しんできたのです。これは、私にとって、議員手当を受け取ることよりも価値あることです。このような経験に基づき、私は、さらに向こう見ずにも、今年5月2日のコーンウォール県議員選挙に立候補することにしました。もちろん、私が少し“おかしい（crazy）”ということは知っています。また、今でも忙しいのに、この立候補によって、高級雑誌で見るような家族の夕食風景を楽しむことは到底できなくなるということも知っています。しかし、私は挑戦したいのです。

コーンウォール県議員の仕事は、町議員の仕事よりも、もっとやっかいです。そのため、コーンウォール県議員には十分な報酬があります。“十分な”というのは町議員に比べての話です。実際の報酬額は年俸で12,000ポンド（約180万円）ですが、日本の県議員の報酬と比べれば、非常に少ないのではないでしょうか。

私は政党に所属していますので、県議員選で立候補するには、先ず、所属する政党の候補者に選んでもらう必要があります。このため、政党の4人の面接官のインタビューを受けました。彼らの質問は、次のようなものでした。

「なぜ、コーンウォールの県議員になりたいのですか？」

「県議員になった時には、家族の生活や仕事と、どのように調整をはかりますか？」

ソルタッシュ町は、コーンウォール県議員の議席が４つあります。東西南北の４つの選挙区に分かれ、それぞれの選挙区から県議員が１人選ばれるのです。そして、幸いなことに、私の所属政党から立候補を希望したのは、私を含めて、４人でした。これは、政党が私たち全員を候補者に選ぶことができるということを意味します。そのためだったと思いますが、面接官の質問はそれほど厳しいものとは感じられませんでした。

それでも、私は緊張してインタビューを受けました。結果は合格でした。私はソルタッシュ南（Saltash South）と呼ばれる選挙区の候補者になったのです。この選挙区にはおよそ1,600軒の住宅があります。有権者は3,200人ほどですが、私はこの選挙区に住んではいません。しかし、私の娘たちが通学している学校がこの選挙区内にありますので、私は、毎日、この地区を歩いて、子供たちを送り迎えしています。そして、当選したら、学校と県のかけ橋になれるのではないかと思っています。私の最初の“選挙用リーフレット”が先日できました。これを選挙区内の各家庭に配布するのですが、私の娘も通学の途中で配布を手伝ってくれています。私は３人の友達と一緒に“選挙チーム”をつくっていますが、この３人の友達も1,600軒へのリーフレットの配布を助けてくれています。しかし、リーフレット配布の最大の功労者はなんといっても私の夫です。本人はいい歩く運動だと言っていますがね。議員になるという決定は、家族全員で行わなければならない決定だということは、これを見ても明らかです。

注

7　トゥルーロ（Truro）はシティ（市）という称号が与えられていますが、私が議員をしているソルタッシュ町と同じように、パリッシュのひとつです。

第9節　県議への挑戦！

1 コーンウォール県は、県・市の“統一自治体”

2013年5月2日に、コーンウォールで地方選挙が行われました。私は、これまでコーンウォール県のひとつの町（ソルタッシュ町）で議員をしてきましたが、この地方選挙では、ソルタッシュの町議選とコーンウォール県議選の二つの選挙に立候補しました。イギリスでは議員を兼務できるのです。地方議員と国会議員の兼務も出来るのですよ。

そこで、今回は、このコーンウォール県議選で私がどのように選挙戦を展開したかを説明したいと思いますが、その前にコーンウォール県について少しお話ししておきます。

コーンウォール県は人口53万人、面積3.567km²です。鳥取県と同じような規模の県だと思います。数年前まで、このコーンウォールの自治体は、県（カウンティ）、市（ディストリクト）、タウン（町）あるいはパリッシュという、3層の自治体になっていました。県（カウンティ）のなかに6つの市（ディストリクト）があり、それぞれの市（ディストリクト）のなかにタウン（町）あるいはパリッシュと呼ばれる200を超す自治体があったのです。ところが、2009年にこの6つの市（ディストリクト）と県（カウンティ）が合併し、“統一自治体（Unitary Authority；UA）”になりました。この結果、現在のコーンウォール県（UA）は、教育、道路、住宅、保健衛生、環境など、県と市の行政機能のすべてを担当しています。もちろん、予算の規模も非常に大きなものとなりました。議員の数も増え、123人の議員がコーンウォール各地から選ばれています。

現在、コーンウォールには213のタウン（町）あるいはパリッシュがあります。住民に最も近い自治体です。課税権はありますが、権限はわずかしかありません。タウン（町）やパリッシュのなかには、住民の声を代表するという機能に、すなわち、他の機関に地域の意見を伝え、プレッシャーを加えるという機能に限定している所もあるくらいです。もちろん、出来る限りの活動を自主的にしているタウンやパリッシュもあります。たとえば、地域の住民のイベントや企画に、それほど多額ではありませんが、資金を提供したり、市民菜園を運営したり、バス停留所や児童公園を設置したり…というような活動です。

私が住んでいる人口16,000人のソルタッシュ町では、住民は、16人の町議会議員と４人の県議会議員を選出しています。日本では、またヨーロッパの国々では、選挙は日曜日に行われるのが普通だと思いますが、イギリスでは、1930年以来、木曜日に投票が行われます。地方選挙の場合は、５月の第１木曜日が投票日というのが慣例で、議員の任期は４年です。国会議員の場合は、首相が選挙日を選定できることになっていましたので、決まった選挙日というのはありませんでした。しかし、2011年に定められた法律で状況が変わりました。国会議員の選挙が５年に１度、５月の第１木曜日に行われることになったのです。次の総選挙は2015年に実施されます。投票できる時間は、午前７時から午後10時までです。

2　県議への立候補を決意！

２年半前の補欠選挙で、私は、ソルタッシュ町の議員に選ばれました。そして、町議会の議員として活動することで、私の地域社会での生活は一変しました。本当に充実した生活を送ることができるようになりました。今年（2013年）は、ソルタッシュ町議会の選挙の年です。

私は、自分が企画し実践した町の事業をこれからも進めたいと思い、再度、町議に立候補することにしました。それだけではありません、同時に、コーンウォール県の県議にも立候補する決心をしました。ちょっと大胆でしたが、コーンウォール全体に亘る戦略的なプロジェクトを進めたいと望んだからです。

これまで私は、自分が所属する政党の名前を出さないように注意を払ってきました。これは、住民に最も近い自治体では、政党の発想で活動するべきではないと考えてきたからです。幸いなことに、ソルタッシュ町の議員は互いに非常に協調的です。政治的に言い争うことはなく、"非難し合う" こともありません。私は、政党の方針に拘束されることなく、自分自身の良心にしたがって、議決することができます。しかし、県議選でどういう選挙戦を展開したかを詳しく示そうと思いますと、政党を抜きにすることができません。

ここ数十年のイギリスの主要な政党としては、保守党(Conservative)、労働党(Labour)、自民党(Liberal Democrat)の3つの政党を挙げることができます。現在の中央政府レベルで政権を握っているのは保守党と自民党の連合政権です。他にも小さな政党はいくつかありますが、これらの政党のなかで、今回の2013年の地方選挙で躍進したのは、イギリスはEUから離れるべきだと主張するイギリス独立党(UKIP)でした。そして、私は自民党(Liberal Democrat)に所属しています。

私がソルタッシュ町の議員になったのは2年半前のことです。その時は、ひとりの議員を選ぶ補欠選挙でした。しかし、今回は違います。ソルタッシュ町の町議16人すべての選挙です。また、ソルタッシュ町からは、コーンウォールの県議4人も選ばれます。前回の補欠選挙で私が経験した選挙戦とは、スケールが違う選挙だといわなければなりません。自民党からは、現職・新人あわせて、7人がソルタッシュ町の町議選に、4人が県議選に立候補しました。私は、この両方に立候補したわけですが、これらの候補者が、3月に、一堂に集まり、どういう選挙戦をするか話し合いました。私が議員になってからの2年半の経験で見ても、このように自民党（Liberal Democrat）の議員が全員集まり、方針を議論する会合を開いたのはたったの３回でした。私ども自民党議員はそれだけ政党活動に無関心なのかもしれません。

3 リーフレットによる選挙運動！

私が日本に住んでいたとき、何度か選挙運動を見たことがありますが、候補者の華やかな選挙合戦にびっくりしたことがあります。白い手袋で手を振る女性たち、駅前で通勤者に頭を下げる候補者、拡声器がついた車が候補者の名前を叫びながら住宅街を走り回る光景、その活気とにぎやかさに、少し魅惑されたものです。イギリスの選挙では、こういう光景はありません。もっと地味で控えめな選挙です。

ソルタッシュ町の自民党候補者の集まりで、長く自民党の議員を経験してきた候補者は、郵便による投票が重要だと強調しました。これまでの選挙の数字を見ると、投票者の実に35％が郵便投票だったのです。そこで、不在投票者に手紙を出そうということになり、有権者に投票用紙が配布される日を確認するように、自民党に要請しました。同じ日に、私たち候補者の手紙を配布しようと考えたのです。自民党は、こういう種類の手紙をいつも青色の紙に青色のインクで書いています。これは読みづらい、とくに年配の人には読みづらいと思いましたが、自民党は党が印刷すると強調していましたので、私は反対しませんでした。しかし、党が印刷してくれるとはいえ、宛名を書くのは私たち候補者です。これは大変な作業でした。

この手紙に加え、以下のものを印刷し、各戸に配るということで合意をしました。

・ソルタッシュ町で県議・町議に立候補している自民党候補者全員を紹介する自民党としてのリーフレット（ちらし）

・候補者ごとの政策を示すリーフレット

・投票日の前日に、「投票しましょう！」と喚起するリーフレット

各戸に配布するリーフレットはこれで充分だろうと、私達候補者は考えていました。何しろ、これらのリーフレットを配って歩くのは、私達候補者、候補者の家族、そして支援してくれる友達だけなのですから。

このとき、ソルタッシュ町議選で私が立候補した選挙区は、定数4名でしたが、立候補したのは3名でした。このため、候補者全員が無投票で当選となり、私は町議として再選されました。

4 リーフレットの洪水？

候補者全員を紹介する最初のリーフレットは3月の末に刷り上がりました。コーンウォールの県議の選挙は“小選挙区”で行われます。ソルタッシュの町には4つの選挙区があります。自民党が私にあてがってくれた選挙区は、“ソルタッシュ南”という選挙区です。この区域には、私の娘が通っている小学校がありますので、その送り迎えで通る道筋は知っていますが、私自身はこの区域内に住んではいません。そのため、どういう家があるのかを知るために、この最初のリーフレットのほとんどは自分自身で配って歩きました。この選挙区には3,322人の有権者が、1,692戸の家に住んでいます。毎日、一日2・3時間かけて配りましたが、全部配るのに1週間かかりました。しかも、郵便の受け口が堅い家がたくさんあり、そこにリーフレットを入れて回りましたので、最後には、私の指は絆創膏だらけという有様でした。その上、多くの家で、犬に激しく吠えたてられるのです。配り終えた時は、“ほっと”しました。

しかし、休むわけにはいきません。今度は私自身の政策を示すリー

フレットをつくらなければならないのですから！

丁度この頃です。自民党の“重点区域”に私たちコーンウォール南東部の区域が選ばれたという情報が耳に入ってきました。自民党の党本部はイギリスの2、3の区域を指定し、その区域の自民党候補者に特別の肩入れをするということをしますが、私たちの選挙区がその区域に選ばれたのです。最初、私たち候補者は、これでリーフレットの作成費用を党が負担してくれると考え、全員で喜び合いました。しかし、費用負担だけで済むような「協力」ではありませんでした。自民党は、私たちが作るリーフレットに加えて、党本部が作るリーフレットをも配りなさいと言ってきたのです。結局、私たち候補者は、投票日までに、全部で6種類のリーフレット、また、国民に人気のある前自民党総裁・アッシュダウン（Paddy Ashdown）の手紙…などを順繰りに配らなければならないということになってしまいました。

私たちには多すぎです。とても配りきれません。また、党本部から送られてきたリーフレットは中央でつくられたものですので、コーンウォールのような地方の事情を反映しているとは感じられませんでした。

こうした運動を展開していたある日、党本部から大きな箱が私の自宅に送られてきました。中に入っていたのは有権者に配布する手紙です。読んでみますと、なんと私のサインがあるのです。党本部が、私に何の相談もなく、私の手紙を作ってくれたわけです。これでは、候補者というよりは、郵便配達人ではないか、という感じが頭をよぎりました。私はくたくたに疲れていましたし、その上、この手紙の言い回しは私が普段使っているものとは全く違うものでした。結局、この手紙はごみ箱に捨ててしまいました。

5　戸別訪問

たくさんのリーフレットを有権者に配れという党本部の指示によ

り、私たち自民党の候補者はすっかり疲れ果てました。しかし、有権者のドアをノックしてまわるという戸別訪問もしなければなりません。戸別訪問は、有権者に候補者と面と向かって話ができるチャンスを与えるものです。その意味で、非常に重要な選挙運動ですが、とりわけコーンウォールでは重要だといえます。コーンウォールの有権者は、政党ではなく、候補者その人に投票する傾向が強いからです。また、有権者と話をすることで、候補者は、有権者が抱えている問題を理解することができますから、戸別訪問は、候補者にとっても、有益だといえます。

イギリスでは、住民が年齢などの選挙資格を獲得すれば自動的に有権者になるということはありません。投票権を得るためには、自発的に、有権者として登録する必要があります。その登録された名簿が“有権者名簿（Register of Electors）”になるわけですが、立候補を正式に認められた候補者には、それぞれの選挙区の有権者名簿のコピーが送られてきます。戸別訪問をする際には、この有権者名簿は大いに役立ちます。しかし、候補者がこういう微妙な情報をもらっていることを、私ははじめて知りました。

また、自民党本部は、アメリカのオバマ大統領の選挙陣営が用いた“コネクト（Connect）”と呼ばれるソフトを、最近、手に入れました。この“コネクト”を使うと、住民がどこに住んでいるかすぐに分かります。地図もプリント・アウトできますし、有権者と交わした話し合いの記録もできます。また、電話の情報もありますので、政党のメンバーは全国どこに住んでいても、有権者に直接応援をお願いする電話をすることもできるというものでした。

6 憂鬱な戸別訪問！

戸別訪問は重要だと理解していますし、“コネクト”の助けもありましたが、それでも、戸別訪問でドアをノックして回るのは憂鬱でした。それまで会ったこともない人と話をするのは容易なことではありません。そして、中央レベルの政治に文句を言われます。自民党は、2010年に保守党との連合政権に加わりました。中央政府レベルでは、自民党は重要な役割を果たすことになったわけです。しかし、地方レベルでは、この連合政権に加わったことによって、多くの票を失うことになりました。戸別訪問では、自民党は保守党と“同衾してしまった”と非難されることが多々ありました。私は、有権者に対して、自民党の中央での動きと地方の動きは別であり、中央政府のためではなく、ソルタッシュのために私は活躍しているのだということを、玄関で、何度も何度も、説明しましたが…。また、自民党に所属していれば、ロビー活動がしやすくなるということも強調しましたが、こういう玄関での対話で、ひしひしと感じたのは、多くの有権者が自民党から離れつつあるということでした。当選するチャンスあるのだろうか。私は徐々に不安になってきました。

自民党の候補者は、以前は、“批判票（protest vote）”をかなり獲得していましたが、いまは連合政権に加わっているため、これを期待することができませんでした。また、イギリスの経済状況が悪いため、多くの人々が中央政府を非難しています。こういう有権者の“批判票”はイギリス独立党（UKIP）に流れるに違いありません。戸別訪問で、私はこのように感じました。独立党はイギリスがEUから撤退するべきだと主張している右派の政党です。個人的には、独立党のEUからの撤退以外の政策は首尾一貫していないと感じています。しかし、多くの有権者は、主要な政党（保守党、自民党、労働党）以外の政党に投票することによって、その怒りを表現したいと思っているようです。とりわけ50代、60代の男性が独立党に投票したいと声高に主張していました。はたして私は当選できるのでしょうか？

7 幸いにも、一騎打ち！

しかし、幸いなことに、私が立候補した選挙区に、独立党は候補者を立てませんでした。立候補したのは、私と、保守党から立候補した女性だけ。2人の一騎打ちとなったのです。私は、有権者の家のドアを必死になってノックして回りました。反応は上々でした。特に小さな子供を持った有権者の反応は良いと感じました。なかには、私の両親を知っているということで、投票するといってくれた人もいました。

8 いよいよ、投票日！

投票日の前日、5月1日の夕暮れです。それまでの選挙運動で、靴は2足もはきつぶしました。体重も5キロも減りました。選挙運動ダイエットです！

結果はどうであれ、私はベストを尽くしましたし満足でした。

また、疲れ切っていましたのでとにかく眠りたい！　それで、投票日の2日はゆっくり休もうと考えていました。しかし、自民党は別の考えでした。5月1日の夜、リーフレットが詰まった箱が送られてきたのです。そのリーフレットには、次のような文面がありました。

「おはようございます！　さあ、投票日です。
ヒラリーに投票するのを忘れないでください！」

そして、投票日の朝は5時に起きて、このリーフレットを配って回りなさいと指示してきたのです。自民党には、黙っていて欲しいのですが…。私は疲れ切っていました。そこで、投票日には、子供を小学校に送り届けてからその帰り道に、リーフレットを配っただけでした。時間は既に9時になっていました。

ところが、自宅に帰り着くと、私が声をかけるべき人々のリストを手にした政党の世話役（Party Organiser）が待ち受けていました。このリストは、“コネクト”を使って、自民党に投票する意思を表明した人々、あるいは、どちらの候補者に投票するか迷っている人々を選び出したリストでした。自民党は私に、これらの人々の家のドアをノックして回り、投票の念押しをしなさいと進めてきたわけです。またまた、戸別訪問をするのか…と驚きましたが、やる気を見せた方が良いだろうと思い、出かけました。

しかし、この訪問は本当に有益でした。ある有権者は、私に投票すると約束してくれていたのですが、その日が投票日だということをすっかり忘れてしまっていましたし、また、投票所には自力で行けず、手助けが必要という有権者もいました。なかには、投票に行くつもりはなかったけれども、私とのおしゃべりで、投票に行く気になったと言ってくれた人もいました。輝く太陽の下を歩き回るのは快適でした。

9　当選です！

コーンウォール県東部の投票箱は、ウエイドブリッジ（Wadebridge）というコーンウォール県の北東部にある町に集められ、そこでカウントされます。カウントが始まるのは５月３日の午前中です。結果が分かるのは早くても午後１時でしょうと誰もがそう話してくれました。そこで、５月３日の金曜日は、起きてから先ず子供たちのお弁当をつくり、それから学校に子供を送り届けました。昼食時にウエイドブリッジまで１時間のドライブに行くつもりだったのです。ところが、正午に友達が突然「おめでとう！」とテキスト・メッセージを送ってきました。私はコンピュータに突進。コーンウォール県のウェブサイトを開き、投票結果の集計実況を呼び出しました。私は70％の票を獲得して当選していたのです。わたしは、勝利の瞬間を開票所で迎え、短いスピーチをしようと夢想していたのですが、自分の家で、夫と自宅に居た小さな娘と共に、当選の朗報を分かち合うことができました。また、小学生の娘が学校で最も健康的なレシピ・コンテストの賞をもらってきました。この日は、私どもの家にとって祝いの日となりました。

ソルタッシュ町で立候補した自民党の候補者がすべて上手くいったわけではありません。が、コーンウォール全体では、自民党が36議席獲得しました。とはいっても、前回の選挙に比べて2議席の減少です。保守党はもっと大きなダメージを受けました。獲得したのは31議席、前回の選挙に比べて、19議席も失ったのです。無所属は36議席でした。コーンウォールは議院内閣制を採用しています。そして、今回の選挙で過半数を制する政党がありませんでしたので、これから誰がコーンウォールをリードするかという話し合いが始まります。その経緯、また、コーンウォール県はどのように運営されているのか、そこでの議員の働きはどういうものか、等々、私の新たな体験を報告していくつもりです。楽しみにしていてください。ともかく、私にとって、県議としてのスタートです。

第2章

コーンウォール
県議員編

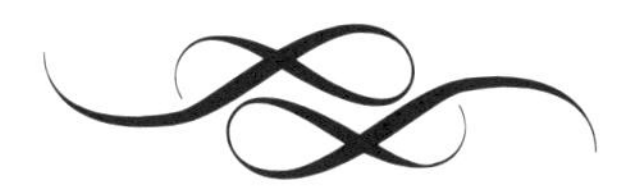

2013年〜2015年

実践自治　Beacon Authority
Vol.56〜Vol.63 掲載

第１節　コーンウォール県議会議員になる

1 立候補の動機は？

なぜ、地方議員になったのか。人によって、その理由は様々だと思います。地方議員に関する調査の最新のデータとしては、2010 年に行われたイングランド全体の地方議員の調査（The National Census of Local Authority Councillors in England 2010）を挙げることができますが、このなかに、地方議員に対して「なぜ立候補したのか」という設問があります。その結果は、

・‘コミュニティのために尽くしたい’　88.2％

・‘事態を変えたい’　52.3％

・‘政治上の心情’　50.2％

…が、地方議員の立候補の動機でした。

確かに、私の場合も、人々の生活の質を変えたいというのが 2010 年に町議に立候補したときの、また、2013 年に県議に立候補したときの最大の動機でした。しかし、議員になって欲しいという要請がなければ、私は立候補することはなかったはずです。そのため、前述の 2010 年の調査で、28.2％の議員が‘議員になって欲しいと望まれたから’と答えていることに興味を持っています。

この調査によりますと、地方議員の68％は男性で、平均年齢は60歳です。そして、私が所属しているコーンウォール県議会（Cornwall Council）の場合も、実際に、議員の多くが退職組の男性です。こうした状況も、私が立候補した大きな理由でした。私は、私のような小さな子供をもつ母親もコーンウォール県議会の議員になるべきだと強く感じたのです。確かに、60代の白人男性は豊富な人生経験を持っていますし、その意見は思慮分別に富んでいます。しかし、議会は、多種多様な住民に尽くさなければなりません。このためには、様々な経歴・年代の議員で議会は構成される必要がある、と私は考えたのです。

要するに、私が立候補したのは、私が住んでいるコミュニティの生活の質を変えたいと考え、また、小さな子供を持つ母親が‘声を出す’必要があると考えたためですが、同時に、何人かの人々が「立候補して欲しい」と要請してくれたことも動機になっています。それだけではありません。私はコーンウォールが大好きだ（I love Cornwall）ということも、大きな理由になっています。

2 コーンウォールの姿

コーンウォールは人口536,000人で、面積は3,565km^{2}です。日本の鳥取県（人口600,000人、面積3,507km^2）とほぼ同じ大きさの県だといえます。私はこのコーンウォールで生まれました。そのため、多少の身びいきはあると思いますが、コーンウォールは魅惑的な場所です。気候は温暖で、雪が降ることは滅多にありません。降ったとしても、すぐに溶けてしまいます。もっとも、これは大人の感覚で、私の子供たちは、雪だるまをつくることができず、いつもがっかりしていますが…。

また、メキシコ湾から流れてくる海流のため、夏は、暖かいことは確かですが、暑すぎるという日々は全くありません。魅力的な景色に

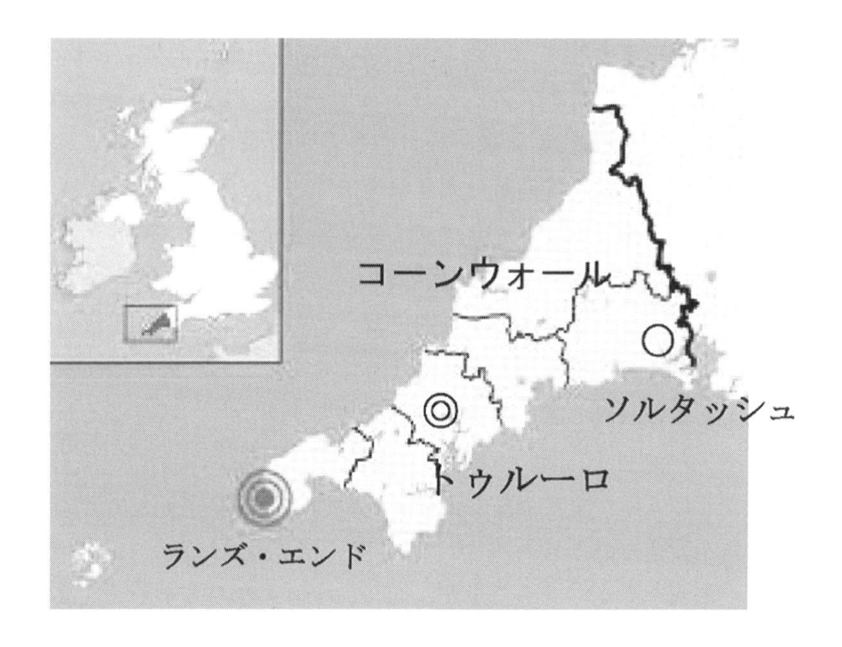

も恵まれています。きれいで見晴らしの良い砂浜はコーンウォールのどこででもみられますし、なだらかな平野が続く農地も魅惑的です。ランズ・エンドのように、岩だらけの険しい海岸線もあります。ランズ・エンド（Land's End）は日本語で言いますと“地の果て”です。そのように呼ばれている所が本当にあるのです。ここも絶景ですよ！

これまでの私の説明から、読者の皆さんも“ピン”ときたと思いますが、コーンウォールの主要な産業は観光です。しかし、それだけではありません。しっかりとした事業所が数多くあるのです。たとえば、現在コーンウォールには、売上税（VAT）を課税できる資格を持つ事業所が22,000もあります。そのなかの60事業所は中規模ですが、残りはすべて小さな事業所です。さらに、売上税の課税資格を持つレベルに達していない、いわゆる零細事業所が、このほかに、少なくとも20,000はあります。これらの事業所の業務内容は、食料品や観光事業会社、等々、多種多彩です。また、知識・情報産業や海水エネルギーの利用など、現代産業の分野に取り組んでいる事業グループもあ

「We Are Cornwall Council」紹介動画より
（QR コードをスマホで読み取ると動画が見られます。）
https://vimeo.com/153257522

ります。

コーンウォールは昔は鉱山地帯でしたが、それが衰退した後は、高い失業率で苦しんできました。そして、EU によって 1999 年に社会経済上の援助をすべき地域（Objective One Region）に認定され、復興基金として 350 百万ポンドを投入してもらいました。しかし、それから 8 年経過した後も、コーンウォールの経済状態は、EU の認定では、EU の平均以下でした。その結果、さらに 415 百万ポンドがコーンウォールの人々やインフラ整備に投入され、それによって、地域の活性化がはかられることになりました。これにより、たとえば情報通信網がコーンウォールの 97％の地域に行き渡るようになるなど、現在では、しっかりとした基盤整備ができあがっています。2014 年には、コーンウォールは、ヨーロッパで最速の情報接続ができるようになっているはずです。

3 特異な自治体である“コーンウォール県”

コーンウォール地域にも、2009年までは、イングランドで一般に見られように、3層の自治体がありました。県（county council）の下に6つの市（district council）があり、さらに、その下に200以上の町（town council）あるいはパリッシュ（parish council）があったのです。しかし、2009年に、この県と6つの市が廃止され、それらの権限と業務は一つの自治体、すなわち“統一自治体（Unitary Authority；UA）”に統合されてしまいました。このため、コーンウォールを“県”と呼ぶのは正確ではありませんが、日本の読者の皆さんは、“県”という名称で説明した方がわかりやすいと思いますので、ここでは、“コーンウォール県”という言葉を使うことにします。コーンウォール県は“普通の県”ではなく、県と市の両方の機能をもつ“統一自治体（UA）”としての県なのだと理解してもらえれば幸いです。

コーンウォール県は、このように普通の県と市の2つの自治体の機能を持っていますので、その業務は、教育、道路、住宅、環境、等々、広範囲にわたります。このため、歳出額も10億ポンドと膨大です。議会もたくさんの議員を擁しています。コーンウォール県の536,000人の住民を代表するために、123人もの議員が選ばれているのです。私が住んでいるソルタッシュ町の人口は16,000人で、この町は4選挙区に分かれ、各選挙区から1人の県議、合計で4人の県議が選出されています。そして、私は、今年（2013年）の5月2日に行われた選挙で、ソルタッシュ南選挙区（Saltash South）で自民党（Liberal Democrat Party）から立候補することを決心したのです。

4 選挙の結果は？

選挙運動は、一言で言えば、起伏があるソルタッシュ町の通りを歩いてまわるという運動でした。各家のドアをノックし、リーフレットを配り、また、対話をして回るという運動を展開したのです。これは骨の折れる運動でした。選挙期間の６週間のあいだに、私は２足の靴をはきつぶし、体重が5kgも減りました。

この選挙運動での玄関口の対話では、多くの有権者の方が私に投票すると言ってくれましたが、私が立候補した自民党は人気を落としていました。自民党は、従来、国政レベルで不満を抱く人々の批判票を獲得してきたのですが、数年前から、保守党とともに、連立政権を組んだことにより、国政での批判を受ける側になってしまったのです。この国政レベルでの批判が、地方選挙にどれだけ影響を及ぼすものか、選挙戦を戦っている私には分かりませんでしたが…。

コーンウォール県は、選挙区ごとの選挙結果の実況をオンラインで示していましたので、私は、選挙の翌日５月３日、自分のパソコンの前に座り込み、画面に展開される選挙結果を、ドキドキしながら、注視していました。しかし、あまり長く待つ必要はありませんでした。私の選挙結果は、最初の段階で公表されたのです。その結果には驚きとともに、ほっとしました。私は、投票数の70％を勝ち取り、当選したのです。

しかし、次には、自民党から立候補した私の仲間たちはどうなったのか、気になりました。前回の2009年の選挙はコーンウォール県が“統一自治体”になった直後の選挙でしたが、この時は、保守党（Conservative Party）が50議席を獲得。自民党は38議席、そして無所属（Independents）が32議席でした。ところが、今回の選挙では、びっくりしましたが、保守党が19議席も議席を失い、議席は31になったのです。これに対して、自民党は36議席を獲得しました。無所属も同じ36議席でした。

5 政権奪取の競り合い！

自民党が多数党になれたのは本当に幸運だったといえます。しかし、絶対多数ではありません。過半数の議席を獲得した政党はなかったわけです。コーンウォール県は「キャビネット制」、日本流にいえば、いわゆる「議院内閣制」を採用しています。そのため、絶対多数の政党が存在しないというのは、政権をどうするかという政党間の折衝となり、細心の注意が必要なネゴシエーションが始まるということを意味します。選挙結果が5月3日に公表され、その翌日の5月4日、私達36人の自民党の当選者に、コーンウォールの自民党のリーダーから、県庁に集まって欲しいという指示がありました。政権をどうするか、みんなで討議しようというのです。この日は土曜日で、私は家族で当選を祝い、家族のみんなに選挙中の償いをしようと思っていましたから、あまり行きたくありませんでした。しかし、行ってみると、政治のかけひきを目の当たりにしました。

最初の動きは、自民党のグループからありました。保守党、自民党そして無所属でコーンウォール県の内閣を組閣し、みんな一緒になって“コーンウォール県を良くしていこうではないか”と提案したのです。それから、やかましいとすら言えるほどの口論があり、また、県庁のあっちこっちの隅に分かれて、ひそひそ声での相談があり…、最後に、保守党が政権に不参加という宣言をして終結しました。

保守党が、政権に加わらず、野党になったのは賢明だったかも知れません。事実、そのように解説する人もいます。中央政府は、いま、地方自治体に対する補助金をどんどんカットしていますが、コーンウォール県は、老人福祉の経費が年々増えていますので、今後、大幅な支出のカット（恐らく今後の4年間で196百万ポンドのカット）をしなければならないという恐ろしい事態が予測されているからです。この巨額の経費節減をするためには、サービスを大幅にカットせざるを得ません。そのとき、保守党は、野党として、すべてのサービス削減を非難することができるのです。その結果、保守党は住民の支持を得るようになり、今度の2015年の総選挙で、保守党の候補者が国会議員に当選しやすくなるということも考えられます。

6 透明で強力な内閣

保守党が政権に加わらなかったため、無所属議員と自民党の議員が連立して行政機関を設定するということになりました。コーンウォール県は2009年に“統一自治体（UA）”になったときに、議員のなかからリーダー（Leader）を選び、そのリーダーが議員のなかから9人を選んで内閣（Cabinet）を構成するという仕組みを採用しました。この内閣が県の主要な政策の決定に責任を負うというわけです。この「リーダー／内閣制度（Leader/Cabinet）」は、中央政府によって、人口が85,000人以上の自治体であれば採用してもよいと認められているシステムです。中央政府がこのようなシステムを設定したのは、自治体の意思決定を誰がしているかを明らかにするためであったといわれています。

無所属議員と自民党で政権を担当するということになってから、今度は、誰を内閣の10人のメンバーにするかということで、数週間の協議をしました。私達自民党は、議員の間の選挙で、内閣のメンバーに推薦する議員を5人選び、また、無所属議員団も5人の議員を選出しました。それから、無所属議員団のリーダーと自民党のリーダーが、これらの10人の議員を、内閣の構成メンバーに割り当てていきましたが、問題となったのは、リーダーをどちらから出すかということでした。そして、結局は、自民党が譲歩し、無所属議員団から県全体のリーダーを出すということでけりが付きました。

その後、びっくりしたのですが、コーンウォール県のリーダーに就任することになった議員は、私の中学校在学時の副校長で、その上、私の両親をよく知っている人でした。この人は優秀な教員でしたし、また、将来を見通す洞察力と不屈の精神で、内閣そしてコーンウォール県を導いていってくれると、私は確信しています。

しかし、この新しく就任したリーダーは、前の政権がつくりあげた支離滅裂なシステムを引き継がなければなりませんので、その責任を果たしていくのは大変だと思います。なぜかというと、「リーダー・内閣」制度が誰に責任があるかを明らかにしたという点で透明性を確保したことは確かですが、政策決定のほとんどは、内閣のなかで、すなわち一握りの議員によって決められ、全議員が参加する本会議（full council）で検討することや、一般公開の場で議論することがほとんどなくなってしまっているからです。前の政権のもとで、多くの意思決定が強力な内閣によってなされるようになったため、本会議の役割は劇的に小さくなり、議会は、最終的な意思決定機関ではなくなりました。それに代わって、政策の枠組みだけをつくる機関になってしまったのです。コーンウォール県議会の議員の大部分の議員は、自分たちは意思決定者ではないと感じているといっても言いすぎではありません。

こうした情況を改善するために、新政権はいくつかの試みを決定しましたが、なかでも重要な試みとしては、内閣のメンバー（閣僚）に助言するシステムを設置したことが挙げられます。諮問委員会（Portfolio Advisory Committees；PAC）の設置です。この委員会（PAC）は、内閣で決定する前に、その決定する事柄について、議論し分析します。閣僚はこの委員会（PAC）の助言に従う必要はありませんが、いまのところ、各閣僚は、意思決定過程にこの委員会（PAC）の助言を適切な形で組み込むという姿勢をとっています。事実、新米の議員である私は、私の意見をよく聞いてくれる内閣の姿勢に感動しています。幹部職員も、そして同僚議員も私の意見をよく聞いてくれますが…。確かに、全議員が集まる本会議（full council）は政治劇場（political theatre）の観があり、各会派（政党やグループ）が“点稼ぎ（score points）”をしています。しかし、諮問委員会（PAC）

では、すべての議員が会派の立場を超えて協力しあっているのです。この現象は、地方レベルでも見られます。私はソルタッシュ町から選出されましたが、ソルタッシュ町では、この町の4つの選挙区から選出された4人の議員が、党は違いますが、協力し合っています。

7 “事態を変える”ための私の議員活動

私は2つの諮問委員会（PAC）のメンバーになっています。ひとつは児童・青少年諮問委員会（Children and Young People PAC）で、もうひとつは経済諮問委員会（Economy and Culture PAC）です。この委員会の会合は、両方とも、2週間に1度開かれます。コーンウォール県の議員としての活動は、もちろん、これだけではありません。ほかにも、次のような活動をしています。

・私が選出された選挙区の住民は、自分たちが抱えている問題の解決を私に期待しています。私の自宅には、たくさんの手紙が配達されますし、メールも数多く来ます。その上、かかってくる電話も大変な数です。しかも、これらの電話は、すべてが、分別ある時間帯にかかってくるわけではありません。

・ソルタッシュ町にある県立図書館のなかに、住民が議員に面会して苦情を言ったり、相談をしたりすることのできる部屋があり、私はそこで月に1度、住民の人たちと面会しています。それだけではなく、有権者の家庭の訪問もしていますし、有権者の人たちとミーティングも開いています。また、問題解決のために、県の職員の人たちに相談することもよくあります。

・すべての議員、そして幹部職員が参加する本会議が、年に5回開かれます。この会議は、午前10時に始まり、終わるのは、一般に、午後２時か３時です。

・議会を代表して、２つの外部団体の活動に参加しています。

・議会の会議では、たいていの場合、前もっていろいろな資料（書類）が配布されますが、非常に詳細な記述で、読んで理解するためには、かなり時間がかかります。また、これらの書類は非常に長文です。たとえば、本会議の前に配布される書類は、少ないときで、150頁もあるのですよ！

・会派（政党）に所属する議員はそれぞれの会派の集まりに参加しなければなりません。私が所属する自民党の場合は、本会議の前に開かれる会合に、所属議員はすべて参加することが要請されています。これは本会議で論議される議案について、政党内であらかじめ検討しておくためです。

8 議員としての活動の時間は？

このような活動をするためには、どれだけの時間が必要でしょうか？

私がこういうことを言うと、日本の皆さんは不思議に思うかもしれませんが、イギリスの地方議員はフルタイムの仕事ではないのです。各議員は、議員としてどれだけ貢献できるか決定しなければなりません。議員のなかには、内閣の閣僚として、あるいは委員会の委員長として、多くの時間を費やさなければならない議員もいます。このように、それぞれの議員によって、議員の職務に従事する時間数が違いますが、2010年の調査によれば、イギリスの議員は、平均して、毎週23時間もの時間を政治活動および議員職務に費やしているとされています。これは、2006年の調査、また2008年の調査でも同じです。

私の場合で言いますと、いまのところ、週23時間よりも多くの時間を議員活動に使っています。これは、まだ議員になってから数か月ですので、理解しなければならない情報がたくさんあるためです。しかし、それだけではなく、選挙区の住民が持ち込んできた問題を解決するためにも時間がかかっていますし、さらに、私が住んでいるソルタッシュ町はコーンウォール県の東の端にあり、トゥルーロ（Truro）にある県庁まで行くのに1時間半以上かかるということもあります。

9 議員の手当と支援

私は手当（allowance）という形で活動資金をもらっています。イギリスの議員がもらっている手当は、日本の議員の報酬と比べて、非常に少額だと思いますが…、私が毎月もらっている手当は800ポンドです。日本円にすると13万円ほどでしょうか。

イギリスで議員になろうとすれば、どうしても、家族の理解と支援が必要ということになります。議員になれば、議員の仕事に多くの時間を使うことになり、しかも、その見返りの報酬が非常に少ないからです。議員の手当だけでは、とても生活することができません。そのため、大部分の議員は他に仕事を持っているか、あるいは年金をもらっています。私は自営業ですが、企業に勤めている議員は、勤務時間のかなりの時間を、議員活動まわすことができると法律で認められています。もちろん有給です。この時間は、それぞれの議員の責任によって違いますので、各議員が雇用者と協議して決めることになります。

コーンウォール県の議員に対する援助はもちろん財政上の援助だけではありません。会議の議事録を作成するというような事務を担当するのは県の職員です。また、県内をいくつかの地域に分けて、それぞれの地域で、そこから選出されている議員が集まって、経済開発や将来計画を企画していますが、その作業を手伝う職員も各地域に配置されています。県庁内には、すべての議員が利用できる控え室（Members' Room）があり、そこには、地方自治関係の本や資料、雑誌を備えた図書室が設置されています。電話、コンピュータ、プリンターなどが置かれているのはもちろんです。また、議員は、自宅でメールをしたり、インターネットで調べたり等々の議員の仕事をするために、ノート型パソコンが支給されています。しかし、残念ながら、このパソコンは非常に遅く、インターネットの接続も余り良くありませんので、（私を含む）多くの議員はこの支給されたパソコンを使っていません。イギリスの地方議会のなかにはモバイル・フォーンを議員に支給しているところもありますが、コーンウォール県議会では支給されておりません。

これまでの説明で、私の選挙の背景、コーンウォールの基本的な事柄、その統一自治体としての性格などを、理解してもらえたのではないでしょうか。私はコーンウォール県の議員になってから半年たちましたが、まだ、あまり実感がありません。冒頭に触れた地方議員を対象とした調査の2013年版がまもなく出版されます。私のデータもそれに含まれているわけですが、私が議員として回答したなんて未だに信じにくいところです。それはともかく、私の考えと体験をこれから書き続けるつもりです。それが日本の皆さんの参考になることを期待して…。

第2節　現在の地方議員の宿命？；サービスの大幅カット

1 あれもカット、これもカット！

前回説明しましたように、コーンウォールは“県”と“市”が統合された生まれた“統一自治体（Unitary Authority）”です。本書では、それを“コーンウォール県”と表現していますが、私がこのコーンウォール県の議員に立候補したのは、「私が住んでいるコミュニティに尽くしたい」、「事態を変えたい」、「小さな子供をもつ母親の生の声を県の政治に反映したい」…等々、いろいろなことをしたかったからです。県の行政サービスをカットしようと考えたからでは、決してありません。

しかし、コーンウォール県は非常に難しい状況に追い込まれています。老人福祉などのサービスに必要な経費は増え続け、その一方では、中央政府からの助成金（grants）が減りつづけるという状況、財政の悪化に苦しんでいるのです。コーンウォール県はどうしてもサービスのカット、言い換えれば、歳出の削減をはからなければなりません。私も、気がつくと、議会で、どのようにサービスを減らしていくかを検討していました。

コーンウォール県は、来年度に23.9百万ポンド削減することが必要です。また、今後4年間で196百万ポンド減らさなければなりません。2010年以来、これまでに170百万ポンドも削減してきたのですが、その上に、これだけのカットしなければならないのです。大変な挑戦です。

2 都市部より少ない農村地帯の助成金！

もちろん、これはコーンウォール県だけの状況ではありません。長引く緊縮経済により、イギリスの地方自治体は、同じように、難しい選択に直面しています。しかし、都市部の自治体に比べて、農村部の自治体のほうが、中央政府の助成金の削減が厳しく、事態は一層深刻です。配分基準が不公平なためです。農村部の自治体に交付される政府の助成金は、都市部の自治体に比べて、住民1人あたり、50％も少ないという場合もあります。たとえば、コーンウォール県に交付されている中央政府の助成金は住民1人あたり408ポンドですが、それに比べて、ロンドンのハックニー区（London Borough of Hackney）には住民1人あたり1,041ポンドも交付されています。

2013年11月には、農村部に位置する国会議員の119の選挙区[1]から、都市部と農村部の自治体に対する助成金の隔たりをなくして欲しいという請願が国会に提出されました。コーンウォール県も、執行機関の最高責任者であるリーダー[2]、そして事務総長が今年（2014年）1月国会を訪れ、大臣にその改善を求めています。こういうプレッシャーをかけ続けていけば、若干の改善があるかもしれないと期待しているのですが…どうでしょうか。

3 財政のやりくり

とは言え、現実的には、近い将来、政府助成金の配分方式が変わるなどということは無いでしょう。したがって、コーンウォール県としては、歳入歳出のバランスをとる別の方法を検討しなければなりません。これについては、2つの点に注意する必要があります。

第1に、イギリスでは、自治体自身が独自の収入を決めることはできません。日本の自治体は、特別税を創設したり、受益者負担金を徴収するなどということもできると聞いていますが、イギリスの自治体には、そのような権限はありません。公営交通や、公営駐車場やプールの使用料など、若干の収入を得る途はありますが、そのような収入は僅かで、大半の収入、平均して65%の収入は国からの助成金です。

第２に、税金を勝手に引き上げることもできません。イギリスの地方税は、日本のように多種多様なものがあるわけではなく、１種類の税金があるだけです。日本の固定資産税と人頭税が合わさったような“カウンシル・タックス”と呼ばれている税金があるだけです。そして、このカウンシル・タックスを一定レベル以上に引き上げようとする自治体は住民投票による有権者の判断を仰がなければならないと、２年前に中央政府が宣告しました。現在は、このレベルが2%と定められています。コーンウォール県がこれまで通りのサービスを続けようとすれば、恐らく、カウンシル・タックスを19%ほど引き上げる必要がありますが、コーンウォールの県民がこのような途方もない引き上げを認めるわけはないでしょう。しかし、私たち県議会が控えめな引き上げ、たとえば4%の引き上げを提案する場合でも、住民投票を実施しなければなりません。住民投票には50万ポンド近い莫大な経費がかかります。

住民投票にはまた別の難点もあります。住民投票は５月に行うことになっていますが、その２か月前に、コーンウォール県の新年度の予算がスタートしているのです。そのため、住民投票で2%を超える税の引き上げが受け入れられたとしても（実際には、これはありそうもないことですが…）、その後の予算の組み直しに多額の経費がかかります。大変なお金の無駄遣いでしょう！

4　住民との協議

その結果、コーンウォール県議会としては、税金（カウンシル・タックス）の引き上げをどうしても2%以下に押さえる必要があります。それと同時に来年度の支出を24百万ポンド近く削減しなければならないという難題を抱える羽目にもなりました。サービスを提供するためには、他の組織、たとえば、コミュニティの自治体であるタウン（町）やパリッシュ（村）[3]、あるいはボランティア組織やチャリティ組織、さらには民間組織などと、もっと密接に協力し合う必要があることは明らかです。しかし、それだけでは、とても 24 百万ポンドの節減はできません。同時に、いくつかの行政サービスを、しかも、かなりの量のサービスを取りやめることも必要です。そこで、私達コーンウォール県議会としては、県内の人々、そしてさまざまな組織と、できるだけ広く、協議しようと決意しました。県民にコーンウォール県が直面している問題を理解してもらい、意見を表明してもらおうと考えたわけです。

県議会は、県民が自分のパソコン等を利用して意見を表明できるオンライン調査を始め、また、県民の声を直接的に聞く集会を各地で開きました。「コーンウォール県として可能な限り続けるべきだと考えるのは、どういうサービス？」。「もっとも効果的な経費の削減をするためには、どのようなサービスを切り下げればよいと考えるか、あるいは廃止すればよいと考えるか？」。「経費を削減するために、コーンウォール県はどういう段取りをして行くべきか？」。こういう内容について、県民や組織の意見を聞くことにしました。

私たち県議会は、6 週間の間に、コーンウォール県各地の 23 か所でミーティング（集会）を開きました。そこで表明された意見は非常に役立ちました。住民が考えているサービスの優先順位を理解することができ、また、それ以後の論議の根拠となったからです。以下、住民の意見のいくつかを例示してみますと…。

・コーンウォール県が所有しているオフィス・ビルを整理して維持費を節減する。

・農村部のバス路線については、できるだけ維持する。

・タウン（町）・パリッシュ（村）にもっと権限を移譲する。

・経費節減のアイデアを出した職員に報奨金や表彰の制度を創設する。

・街灯の照明経費を少なくする計画をはじめる。

・クリスマス期間の１日～2日間県庁を閉め、照明・暖房費の節約をする。

・県の所有地に風力発電などのエネルギー施設を設置する。

これらの住民の提言には、すでに実施しているものもあります。たとえば、バス運行を減らそうと県議会は考えていましたが、この削減をかなり少なくしましたし、街灯の照明ももっと少ない経費でできるように変えました。いまは、街の照明は、これまでのようなオレンジ色ではなく、低エネルギーの白色光になっています。また、街灯を一機ごとに照明を明るくしたり、落としたりできるようにし、いくらか経費の節減をできるようにしています。

5　経費削減の目玉

ここで、経費節減のために、コーンウォール県が実施してきた、あるいは、予定している主要なものとして、3つの事例を説明したいと思います。

1）予算策定時期を早めました。これは、非常に厳しい負担を職員にかける仕事となりましたが、おかげで、2013年11月に、賛成議員77人、反対議員33人で、予算を通すことができました。これにより、従来の予算実施と比べて、7百万ポンド節約できました。

2) 私たちは、農村地域における図書の貸し出し方法の見直しを検討しています。現在、コーンウォール県は5台の移動図書館を持っています。これらの移動図書館は、農村地域に住んでいる人々に図書に近づきやすくするという重要な役割を果たしていますが、これを維持するには多額の経費が必要です。しかも、移動図書館はあまり長くは駐車していませんので、住民が自分の家の近くに駐車している移動図書館に行けなかった場合、次ぎに、移動図書館が来るまで待たなければなりません。そこで、私たちは移動図書館に使っているお金をもっと賢く使えないかと検討しています。ひとつの方法として、いま考えているのは、パブ (pubs)[4] のなかに“ミニ図書室 (micro libraries)”を設置してもらおうという構想です。そして、すでに、5軒のパブに図書室をオープンし、人々はその図書室で本のページをめくることができ、また、そこに設置されているコンピュータのリンクを使って県に質問し、種々の情報を入手できるようになっています。この“ミニ図書室”は移動図書館に比べて開店している時間が非常に長く、また、そこで住民が一緒になって県に質問したり話し合ったりすることによって、地域の情報を住民が共有するようになるという付加価値もあります。

3) コーンウォール県は管理機構を根本的に再編しようとしています。現在の管理機構は**下図**の通りですが、この8つの部を、3つの部に

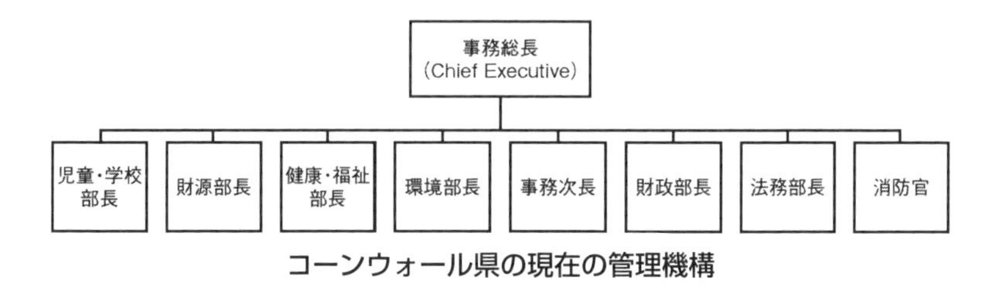

コーンウォール県の現在の管理機構

統合し、それぞれ次のような業務を担当することにします。

①経済と環境

②ローカリズム（各地方の独自性や特徴を重視・尊重する考え方）、業務管理、組織改編、コミュニティの安全と保護

③教育、社会福祉と保健

この部の統合によって、およそ40万ポンド節約できると見積もられています。3人の新部長が任命されれば、これらの新しい部長が担うすべてのサービス、そして新しい部の組織の再度の見直しが行われますが、これによって、さらに経費が節減されることになると期待されています。これらの見直しは、すべて最前線のサービスを守るという目的のもとに行われるものです。

「われわれは4年間で190百万ポンド削減しなければならないという大変な難題に直面しています。管理機構を変更しても、それ自体はわれわれが必要とする経費の削減をもたらすものではありませんが、機構の合理化は経費を削減するひとつの方法であることは確かです」とコーンウォール県の事務総長に新しく就任したアンデリュー・カー（Andrew Kerr）氏は説明しています。

6　新しい流行

アンデリュー・カー氏がコーンウォール県の職員のトップである事務総長（Chief Executive）に就任したのは今年（2014年）の1月です。それからたった1か月後に、コーンウォール県の部局の全面的な見直しをするということになったわけです。

カー氏は2011年9月まで、有名なストーン・ヘンジがあるウィル

トシャー県（Wiltshire）の事務総長でしたが、ウィルトシャー県では経費削減の一環として事務総長のポストをなくしましたので、必然的に、その職を失っていました。これを読んでいる皆さんの中には、ウィルトシャー県が事務総長の役割を廃止したことでびっくりしている人がいるかもしれません。しかし、これは現在のイギリス地方行政では流行の現象なのです。流行で揺れ動くのは服装やポピュラー音楽だけではありません。たとえば1990年代には、公選首長制が数カ所で導入され、興行主や人気タレントが行政のトップ（首長）になるという流行もありました。2000年代の最初の頃は、当時の中央政府の政権を握っていたブレア労働党政府が仕向けたこともあって、事務総長が内閣制を採用している自治体の“リーダー”(議員)[5]よりも、もっと重要な役割が与えられ、事務総長が“有名人（personality）”になるという自治体も出現しています。これは、もちろん、すべての自治体で見られるというわけではありませんが、しかし、公選された議員と事務総長の役割の上で混乱が生じていますし、その上、事務総長の報酬引き上げという事態ももたらしています。

公選首長制は、いまは流行ではなくなりました。現在流行っているのは、事務総長の役割の見直しだといえます。2012年に、エリック・ピックルズ（Eric Pickles）自治大臣は、地方自治体が経費節約の対象として50項目を列記した文書を公表しましたが、その中のひとつが事務総長の任務を切るという内容でした。自治大臣は高給取りの事務総長を狙いやすい標的と見なしているようです…。

7 コーンウォール県には事務総長が必要か？

2013年3月、前の事務総長が辞めましたが、このとき、コーンウォール県に事務総長が必要かどうかで議論が沸騰しました。前の事務総長の給与が年俸で20万ポンドと高額で、多くの人々が、県の限られた財源のもとでは、あまりにも高給すぎると感じたためです。

しかし、この年の５月にコーンウォール県議会の議員選挙が行われました。そのため、選挙直前の議会は、新しい事務総長を任命するべきかどうかという難問については、新しい議会の判断にゆだね、それまでは、前の事務総長の下で、事務次長（Assistant Chief Executive）の任務を担っていたポール・マスターズ（Paul Masters）氏を暫定事務総長にすると決定しました。

2013年６月、新しい議会で選ばれた内閣の最初の会議が開かれ、ここで、事務総長の役割について議論されました。長時間にわたる議論でしたが、事務総長は以下の理由で必要だという結論に至りました。

1）管理上の機能

議員は、自治体職員との仕事上の関係にやりがいを感じていると思われます。しかし、職員間の論議に引きずり込まれるのは嫌なはずですし、部局間の目的の争いに議員が介入するというのも大変です。部局間で調整することのできない仕事を結合させるというのも、議員にとっては荷が重いでしょう。リーダーや公選市長がこういうことに責任を負わされれば、政治家として価値ある活動する時間を失うことになるのは必然です。

2）組織上の機能

事務総長の役割を廃止しようという人々は、単にシステムをいじるだけではなく、組織上の原理をも勝手に書き換えようとしています。良き事務総長は、政治システムが間違った方向に進もうとしているときには、それを改めるように助言してくれます。良き事務総長は、政治目的を正当化してくれます。また、統治システム全体を政党活動化させず、野党（反対党）の権利を守るなど、システムの健全さも守ってくれます。イギリスでは、自治体職員は自治体及び政権を握っている党の両方に尽くします。その結果、コントロールする政権党が変わっても、職員が自治体から政治的に追放されるということはありません。同じ職員が、同じ誠実さをもって、新しい政権に仕えるのです。事務総長がいなければ、自治体の継続性、職員の誠実さ、スムーズな政権交代を示す中心的な存在がなくなります。

こうした結論を受け、コーンウォール県の最初の閣議で、事務総長を採用する決定をしました。長く続く緊縮財政のもとで、コーンウォール県を導き、県の機構を横断的に眺め、それらを一体的に引っ張っていくためには、事務総長が必要だと感じたわけです。しかし、給与については、4万ポンド引き下げ、年16万ポンドとすると提示しました。もちろん、これでも大変な高給です。高額の給与所得者を批判するのが一般的ですが、個人的には、正しい決定だったと私は考えています。コーンウォール県は事務総長を必要としており、能力があり、洞察力がある人に来てもらうためには、魅力のある高額の給与にする必要があるからです。

中央政府の自治大臣であるエリック・ピックルズ（Eric Pickles）氏は、地方自治体には事務総長が必要でないとほのめかしています。しかし、中央政府の彼の役所（自治省）には事務総長と同種の職員、すなわち“事務次官（permanent secretary）”がいるのですよ。これでは、ピックルズ氏の提言は見せかけだけというべきではないでしょうか？

それはともかく、こうして事務総長が公募され、3人の応募者が面接試験の招聘を受けました。面接したのは、議会の主要な会派の代表者で構成された審査員団です。この面接には2日間もかけました。また、コーンウォール病院協会、警察、コーンウォール大学、コーンウォール商工会議所、環境庁など、外部の機関も、この選考に加わりました。

暫定事務総長を務めたポール・マスターズ氏も面接試験を受けたのはいうまでもありません。このコーンウォール人は、半年間のコーンウォール県の空白期間を、本当に上手く運営してくれました。そのため、コーンウォール県に住んだこともなければ、働いたこともないアンデリュー・カー氏が事務総長に任命されたときには、多くの人々がびっくりしました。私もその中のひとりでした。しかし、振り返ってみますと、ポールは、恐らく、アンデリューがこれまで進めてきたような抜本的な機構改革はできなかったでしょう。アンデリューの任命は、コーンウォール県が新しい道を進むという“シグナル（合図)”だったと言えそうです。

8　大雨、そして洪水…

いろいろな対策に着手し、少しは軌道に乗ったか…と希望をいだきはじめた、そのときに更なる事態に直面しました。2013年のクリスマスから2014年の2月にかけて、イギリス各地で大風が吹き荒れ、豪雨に襲われたのです。コーンウォールの海岸沿いはとりわけ暴風雨と高潮が重なり大災害となりました。海岸沿いにあるルー（Looe）という町では、メイン道路は水であふれ、アザラシが川と間違えて泳いでいたほどです。私が住んでいるソルタッシュ（Saltash）の町は海岸沿いではありませんが、それでも、テーマー河（River Tamar）の増水で堤が破られ、児童公園に設置されている汽車（模型）が水の中に陥没。パブ（pub）にはドアの隙間から水が入り込んでくるという有様でした。

この大風と豪雨によるコーンウォールの被害を修復するには、およそ17百万ポンドの経費が必要だと見積もられています。堤防の再建や道路の修復などの修復に、すぐに必要な経費が4百万ポンド、長期的に必要な経費が13百万ポンドというわけです。

緊急に必要な経費については、中央政府がその補填をしてくれる緊急財政補填制度（Bellwin System）があります。自治体は140万ポンドを超えた支出の85%を、政府に補填を要求することができるという制度です。しかし、今回の大災害が明らかになった時点で、政府はその計算方法を変え、コーンウォール県が緊急対策で費消した877,081ポンドを超えた支出の100％を補填してくれることになりました。これは大変な支援です。

しかし、この政府の補填金は長期的な修復・再建に対しては交付されません。私たち自治体が自力で復興費用を捻出しなければならないのですが、これは大変なことです。たとえば、コーンウォールからロンドンなどイギリスの他の地域に鉄道で行く場合、お隣のデボン（Devon）県のドーリッシュ（Dawlish）という町を通って行くのですが、このドーリッシュでは、鉄道路線が海岸沿いに走っています。景色は素晴らしく、まさに絵画を見るようです。ところが、海からの被害を受けやすいという欠点があり、今回も、線路の土台が大きく崩壊しました。これが復旧され、コーンウォールまで再び鉄道が通じるようになるには、6週間かかるというものもあれば、6か月はかかるというものもあるように、今のところ報道はバラバラです。もちろん、私たちはいまの路線ができるだけ早く修復されることが必要ですが、

ドーリッシュでの線路の崩壊

しかし、今後、悪天候の度に、コーンウォールが他の地域に鉄道で行けなくなるという事態から脱却するために、新しい路線を検討することも必要です。

9　これからの自治体は？

中央政府の長引く緊縮財政政策は、地方自治体に大きなしわ寄せをしてきました。緊縮財政の初期の頃は、自治体は、サービス供給の仕方に工夫を凝らして財政のやりくりをするというのが、イングランド全域に見られた現象でした。しかし、緊縮財政がこれからもまだまだ続くという見通しの中で、自治体はもっと抜本的に政策を転換し、自治体のあり方そのものを考え直す必要が出てきたようです。現に、多くの自治体がそうした方向に進みつつあります。

コーンウォール県も、これまで提供してきた公共サービスを、財源のやりくりだけでは、とても継続できないという状況になっています。サービスそのものに対する考え方を根本的に変えることが必要です。いろいろな組織を巻き込み、住民を巻き込み、みんなでサービスのあり方を、根本から考え直す必要があります。デジタル・イノベーション、情報収集、そしてその処理能力の育成、将来を見通した自治体の経営が必要になってきたのです。私は、自治体の支出を削減するために、県政に加わったのではありません。しかし、いま、コーンウォールの県政は転換期に直面しています。私は１人の県議として。この転換期に最善を尽くしたいと決心しています。

注

1　イギリス（連合王国：UK）の国会（下院）議員は現在659人いますが、選挙は659の選挙区に分かれ、それぞれの選挙区から各１人の国会議員が選ばれています。

2　コーンウォール県には、公選の市長（あるいは知事）はおりません。“リーダーと内閣制”を採用しています。現在は、自民党と無所属が連立して“内閣”を構成し、それを“県のリーダー”が統率しています。このリーダーおよび内閣のメンバーは、もちろん、全員が議員です。（これについては、第２章第１節で詳しく解説しています）。

3　タウン（町）やパリッシュ（村）は、日本の町や村ほど、法律で義務づけられた業務を持っていませんが、議会があり、徴税権があります。この議会で住民のために何をするかを決定し実施しています。基礎的な"自治体"であり、コーンウォール県では県と市が統合されているため、県の下に位置する自治体は、このタウンとパリッシュです。その規模はバラバラですが、私はタウン（町）のひとつであるソルタッシュ町の議員でもあります。タウン・パリッシュの活動については、第１章の前半の部分、「町議奮闘記」を見て下さい。

4　街のあちこちに見られるイギリスの居酒屋ですが、農村部の集落でも一般に見かけることができます。利用客は周辺に住む老若男女で、街や集落の社交場になっています。主に飲まれているのはエールと呼ばれるビールです。

5　イギリスでは、公選首長制や委員会制などいくつかのパターンの中から、それぞれの自治体が統治形態を採用していますが、もっともポピュラーなのは、「リーダー・内閣制」です。コーンウォール県もこの「リーダー・内閣制」を採用しています。具体的には、議会で議員のなかから"リーダー"を選び、そのリーダーが議員のなかから９人を選んで"内閣（Cabinet）"を構成するというシステムです。その内閣の下に事務総長が位置づけられ、職員を統率して行政事務を処理しています。この事務総長は、他の職員も同じですが、公募でその地位に相応しい人物が選ばれています。詳しくは、第２章第１節を見てください。

第３節　マイノリティ（少数民族）と認められる

1 コーンウォールの特質！

何回か申し上げましたように、コーンウォールにはごく最近まで6つの“市（ディストリクト）”とひとつの“県（カウンティ）”がありました。2009年4月、その市と県の機能を統合してひとつの“統一自治体（Unitary Authority）”になりました。したがって、その名前は、県でもなく、また、市でもありません。コーンウォール統一自治体（Cornwall Council）と呼ばれている自治体です。しかし、この本では、“コーンウォール県”と表現しています。日本の皆さんには、このほうがわかりやすいと考えたからです。わたしは、このコーンウォール統一自治体の議員をしています。

コーンウォールは統一自治体ですので、担当している機能は巨大です。本当に巨大です。毎年度の予算は12億ポンドですし、職員は21,000人もいます。もちろん、コーンウォールで最大の雇用者です。住民は約54万人で、これは、マンチェスターやリバプールといった大都市よりも多い人口です。面積も3,563km^2、マンチェスターの3倍もありますが、この大きさのために、住民との結びつき、さらには効率という点で、問題が生じています。議員も大勢です。規模の大きさ、人口の多さに対処するためですが、123人もいるのですよ！

これらの議員は、6週間に1度開かれる本会議に全員が出席します。この議会は朝の10時半に開会され、午後3時頃まで続くことがよくあります。ここで何が決められるのか、議会風景がどうかなどに興味ある方は、是非、コーンウォール県のホームページを見て下さい。

2 “コーンウォールの息子たち（Sons of Cornwall）”

コーンウォール議会の主要な政党は、自民党（37議員）、保守党（29議員）、労働党（8議員）です。このほかに、日本の皆さんは聞いたことがないと思いますが、コーンウォール語で“Mebyon Kernow”と呼ばれている中道左派の政党があります。これは“コーンウォールの息子たち”という意味の政党で、現在、4人の議員がこの政党のメンバーです。この政党は、もともとは1951年に設立されたものです。当初は、自分たちの法律は自分たちでつくろうとし、そのための国会に準じる議会（Assembly）をコーンウォールに設置しようという運動を展開する圧力集団でしたが、この運動は1980年代にすっかり廃れてしまいました。ところが、1990年代に入ると、若者たちがこの運動に加わってきました。さらに、当時の中央政権を担っていた労働党（ニュー・レイバーと呼ばれてました）が、スコットランドやウェールズなどのマイノリティ（少数民族）地域に“デボルーション（devolution）”をすると約束したのです。こうした動きに勢いを得て、コーンウォールの運動も復興しました。

この“デボルーション”は、日本では「地方分権」と訳されているようですが、いま日本で行われている「地方分権」とは根本的に違います。デボルーションは、たとえば、デボルーションが行われたスコットランドを例にとってみますと、スコットランドは独自の国会（Parliament）を設置し、スコットランドの法律はここで制定しています。課税を決めるのも、このスコットランド国会です。またスコットランドには、内閣があり、首相に相当する“筆頭大臣（first minister）”のもとで、内閣が行政を担当しています。外交権もあります…。というように、非常に大きな“自治権”を与えるのが“デボルーション”です。「分権」と訳すよりは、「分国」とするほうが、実態に合っていると思います。コーンウォールも、スコットランドほどの権限獲得ではないとしても、デボルーションを目指しているのです。

こうした説明からお分かりいただいたと思いますが…。そうです！コーンウォールは少数民族の地域なのです。少なくとも、多くの住民はそのように考えています。

それはともかく、この復興した“コーンウォールの息子たち”という政党は、2001年に、その絶頂期を迎えました。コーンウォールに自治権を認めて欲しいという50,000人の署名書をつけて、首相官邸に請願したのです。この請願はさまざまな政治勢力に支持されました。しかしながら、政府は聞く耳を持っていませんでした。スコットランドやウェールズは、完全な独立国ではないとしても、独自の政府を持てるようになりましたが、コーンウォールは“リージョン(region)”にすらなれなかったのです。現在、イングランドには、9つの“リージョン”が設置され、若干の中央政府の機能を行使しています。しかし、コーンウォールは、この“リージョン”になることもできず、その“リージョン”のひとつである南西イングランド（South West England）の管轄下に入っています。要するに、単なる自治体です。

Mebyon Kernow（コーンウォールの息子たち）という政党は、2001年以後は、党員わずか600人の政党として、地方政治の側面に、とりわけ、コーンウォール県の政治に焦点を当て活動を展開してきました。

3　コーンウォールへの“デボルーション”？

しかし、いまは、“デボルーション”をもう一度目指す絶好のタイミングかも…といわれています。

第１に、今年（2014年）の９月18日、スコットランドでより大きな“自治権”の獲得を目指して、賛成するか否かの国民投票が行われますが、その影響を受けて、連合王国の他の地域と中央政府との関係にも注意が払われるようになっているからです。そして、コーンウォールには誇れる歴史があり、独特の文化があります。コーンウォールは、大西洋に90マイル（約145km）ほど突き出ている岩のごつごつした半島です。イギリス（British Isles）南西部の最先端にあり、3方は海で取り囲まれています。残りの東側の一方向も、テーマー河（the River Tamar）によって、隣接地域と切り離されています。このテーマー河は、海から海に流れているといえるほどなのです。このような自然の地形に拠る孤立がコーンウォール人の歴史をつくってきました。

イギリスは、サクソン人の侵入・征服により、もともとイギリスに住んでいた人々―“ケルト人（Celts）”と呼ばれることもある人々―は西に追いやられ、その一部は、このコーンウォールの自然の要塞に避難してきました。これがコーンウォール人です。中世の頃になると、コーンウォールは、他の地域と同じように、イングランドのひとつの地域（county）にされてしまっていました。しかし、コーンウォールの普通の人々の文化は、イングランドの隣人とは全く別の文化でした。特殊なコーンウォール語を独特の発声で話していましたし、サクソン人ではない、もともとのブリティン人を先祖に持つことに誇りを持っていました。16世紀の中頃になっても、コーンウォール人は独特の服装をし、独自の伝統、独自の名前、独自の農業、独自の遊びや娯楽を持っていました。

近代に入ってからも、多くのコーンウォール人は、コーンウォールを、イングランドのひとつの地域ではなく、イギリス（連合王国）のひとつの国、Kernowと呼ばれる国と考えていたのです。たとえば、1548年に、Gaspard de Coligny Chatillonという名のフランスのロンドン駐在大使は次のように書いていました。

「イングランド王国は一体化した国とはとてもいえない。イングランド王国には、ウエールズ（Wales）とコーンウォールというイングランドの生来の敵、異なる言語を話す国が含まれている」。

16世紀も、同じような状況でした。1603年にエリザベス女王（1世）が亡くなった後、ヴェネツィアの大使が次のように書いています。

「前女王は、イングランド人、ウェールズ人、コーンウォール人、スコットランド人、アイルランド人という５つの人種を治めていた」。

いま、スコットランドとウェールズの“自治権”の拡充に焦点が合わされていますが、これらのことからいえば、同じようにコーンウォールへの“デボルーション”を考えてもらう絶好の機会だといえるでしょう。

第２に、現在の財政状況のもとでコーンウォールが大変に難しい状況になっていることも、“デボルーション”運動の後押しをしています。コーンウォールの経済力は非常に弱く、国立統計局（Office of National Statistics）の数字によりますと、イギリス全体の平均値のわずか61.2％の経済力です。この経済力の弱さに加えて、中央政府の財政引き締めもコーンウォールの立場をますます苦しくしています。中央政府が厳しい歳出カットにより、コーンウォールは2019年までに196百万ポンド切り詰めなければならないのです。これにより、コーンウォールの人々は中央政府に無視されているという印象を持つようになりました。

また、今年（2014年）のはじめに、大雨そして洪水により、コーンウォールのビジネスが大打撃を受けました。交通施設もずたずたになり、とりわけ鉄道施設が大きなダメージを受けました。この時、キャメロン（David Cameron）首相もコーンウォールの被災地を見て回り、「お金がいくらかかっても問題はない」と修復を約束してくれたのですが、しかし、いままでのところ、修復に十分な財源は交付されていません。こうした中央政府の対応により、コーンウォールの住民は中央政府に無視されているという感情をますます強くしています。

イギリスの進歩的なシンクタンクである「公共政策調査機構・北部(IPPR North)」の最近のレポートをみても、中央政府の姿勢を推測することができます。このレポートは、政府が輸送施設の整備事業にどれだけ投資しているか、地域によってどれだけ違うかを、住民１人あたりの数字で明らかにしていますが、これによりますと、ロンドンでは１人あたり2,596ポンドを投資しているのに対し、コーンウォールが位置する南西部では、１人あたりわずか17.57ポンドしか投資されていないのです。

したがって、経済成長の低さ、先日の政府の洪水対策に対する住民の不満等々が、スコットランドなどへのデボルーションの動きと結びつき、コーンウォールへの“自治権”の移譲を求める大きなきっかけになる可能性があります。事実、今年の春の自民党の会議で地区代表者は、コーンウォールに法律を制定できる議会（assembly）を創設しようと決議しました。コーンウォール北部から選出されている自民党のロジャーソン（Dan Rogerson）国会議員は次のように説明しています。

「コーンウォールにもっと大きな権限、意思決定権を与えれば、学校教育や仕事、住宅、健康管理、公共輸送など、住民が抱えている問題について、住民はもっと関心を持つようになり、もっと真剣に考え、もっと発言するようになるに違いない」。

4 コーンウォールのための“マニフェスト”

実は、この２・３か月、コーンウォール県の議員および職員は“コーンウォールのマニフェスト（Manifesto for Cornwall）”の作成に取り組んできました。行政サービスを地方が自ら選択して提供できるようになれば、また、財源の使い方を決める権限が、中央政府ではなく、コーンウォール県議会にあるとすれば、もっと効率的に提供できるサービスがいっぱいあり、財源をもっと賢く使うことができる。こういう考えから、マニフェストをつくろうということになったのです。

コーンウォール県議会は、最近、公平な財源配分を受けていないと嘆き、不満の声を上げてきましたが、どれだけ不満を言っても、中央政府のスタンスは変わらないと、われわれ議員は結論づけました。そこで、中央政府が過去に提示したことのあるすべての権限を発展させ、実現可能なひとつのパッケージにしようと、マニフェストづくりを始めたのです。このマニフェストには、コミュニティ主導の投資ができるように、また、地方計画でコントロールするために、循環投資の資金を創設しようというようなアイデアも含まれています。現在は、議員だけではなく、コーンウォールの有名人も巻き込んで、マニフェストの“発表”に注目を集める方法について話し合っています。“発表”は2014年8月の予定です。

このコーンウォールの“自治権”を獲得しようという動きは、つい先日の2014年4月24日に、一挙に勢いがつきました。コーンウォール人を少数民族保護協定機構（Framework Convention for the Protection of National Minorities）のもとでの“マイノリティ（少数民族）”に認定するという中央政府の発表があったのです。これは、コーンウォールの人々が、ウェールズやスコットランド、そしてアイルランドの人々と同じように、保護が与えられるということを意味します。また、政府各省や政府機関が何かを決めるときには、コーンウォールの意見を考慮に入れなければならないことになります。

コーンウォール県議会は、これまで、マイノリティ（少数民族）認定に関して、何度も、中央政府と話し合ってきましたが、この4月24日の発表には、びっくりしました。これまでの、コーンウォール人を少数民族に認定するかどうかという中央政府との話し合いは、いずれも不成功に終わっていたからです。それが、ついに今回認められたのでした。その日、住民は、通りでダンスをしたり、詩を朗読したり（もちろん、コーンウォール語で！）、コーニッシュ・ビールで乾杯したり、さまざまな形で、お祝いをしていました。

5 マイノリティとして認められると…？

コーンウォール人が少数民族保護協定に含まれるということは、次のようなことを、意味すると思います。

・コーンウォール人の特殊性が認められることになります。その結果、イギリス（UK）も、住民の多様性を賛美し支援する国として、評判を高めることになるでしょう。

・コーンウォールに限ったことではありませんが、とりわけコーンウォールの経済利益を促進するはずです。

・“マイノリティ”として認定されると、コーンウォールの若者は自信を高めるようになり、その結果、コーンウォールに固有の文化を、自分たちの文化として認め、共有するようになるのではないでしょうか。

・コーンウォール人の“ブランド”を高め、その結果、ヨーロッパさらには世界の少数民族と交流をはかり、その結びつきを強化することができるようになるでしょう。

・コミュニティ間の結びつきが強くなり、もっと活気に満ちたコミュニティをつくることができるようになると思います。

ところで、日本人のような外国人がイギリス（UK）で市民権（永住権）を獲得しようという場合には、試験を受ける必要があります。“Life in the UK test” といわれる試験です。毎年、150,000 人を超える人々がこの試験をうけているといわれますが、日本人の受験者も少なくありません。コーンウォール人が少数民族に認定されたために、この試験も変わる可能性があります。この試験の問題に、コーンウォールの状況についての問題が加わると言われているからです。コーンウォールについては、恐らく、パスティー（肉・野菜・ジャムなどを入れて焼いたパイ）のようなコーンウォールの伝統的な食べ物、あるいは、セイント・ピラン（Saint Piran）が、問題になると思います。セイント・ピランは、6 世紀の大修道院の院長でコーンウォールの聖職者を任命していた聖人です。毎年 3 月 5 日は、この聖人を称える日（Saint Piran's Day）として、ペランポース（Perranporth）などの、コーンウォールの町々で祝われ、その時は、黒地に白い十字の旗がコーンウォール中に掲げられています。

コーンウォールの人々を、今年（2014 年）4 月 24 日に、少数民族として認めるにあたって、ウィリアムズ副大臣（コミュニティ担当）が次のように発言しています。

セイント・ピランの旗；コーンウォールの旗でもある

「今日は、コーンウォールの人々にとって、素晴らしい日です。コーンウォール人の特殊性とアイデンティティを求めて、長い間、運動を展開してきましたが、今日、それが公式に認められました。コーンウォール人とウェールズ人はイギリス諸島にもっとも古くから住んでいる人々です。私は、誇りあるウェールズ人として、来年の3月5日に、セイント・ピランの黒地に白十字の旗が、ケルト人の誇りを持って、打ち振られることを期待しています」。

6 道路標識はバイリンガルに？

少数民族の認定により、コーンウォールの道路標識も2つの言語で表示されることになるでしょう。ウェールズでは、すでに、すべての道路標識が英語とウェールズ語で示されています。コーンウォールでも、通り名が書いてあるサインを取り替える必要が生じたときには、コーンウォール語を付けたサインにするという政策が実施されています。これは、2010年から始められていましたが、すでに、2014年時点で1,000を越える道路標識がこの新しいサインに替えられました。1,000番目のバイリンガルの道路標識は、2014年の1月29日に海沿いのルー（Looe）という町に設置された‘Marine Drive/Rosva Vorek’というサインです（**次図**参照）。

‘Marine Drive’はもちろん英語で、もうひとつの‘Rosva Vorek’がコーンウォール語です。現在、コーンウォールの17%の通りの名前のサインがバイリンガルになっていると推測されています。先日の県議会でも、県の責任者が中央の交通省にサインの変更を要請したいと説明していました。

読者の方々の中には、このサインの意味に興味を持つ方もおられるでしょう。まず、英語の‘Marine Drive’については説明する必要がないかも知れませんが、Marineはもちろん「海」ですし、Driveは「通り」という意味です。日本語で言えば、“海通り”ということ

ルー（Looe）の町のバイリンガルのサイン

になるでしょうか。

さて、もうひとつのコーンウォール語のほうですが、‘Rosva’は英語の‘Drive’、日本語の「通り」にあたります。次ぎに、‘Vorek’ですが、これは‘Morek’の変化したものです。そして、‘Mor’は英語のsea（海）を意味します。‘-ek’は接尾辞で、したがって、‘Morek’は、英語で言えばsea-like（海のような）ということになります。そして、コーンウォール語には男性語と女性語があり、この海の場合は、‘rosva’が女性名詞です。ケルト語（コーンウォール語もその一種）ではよく見られる現象ですが、女性名詞の後にくる形容詞は時々変化します。そのため、この標識では、‘Rosva Morek’が‘Rosva Vorek’となったという次第です。

こうした説明をしますと、日本の皆さんの中には、コーンウォール語は複雑だなと思う方が多いことでしょう。しかし、コーンウォール語の「ありがとう」は、次の話から、覚えやすいだろうと思います。2013年の11月に、日本のある市の議員が奥さんと一緒にコーンウォール議会にやってきました。その夫妻の名は“三浦さん”です。2人を英語流に表現すると、“the Miuras”ということになります…。コーンウォール語の“Meur ras”(ありがとう）と同じ発音になるのです。

7 コーンウォール語は生きているのか？

コーンウォール語は、イングランド南西部に住んでいたブリトン人の言葉、ケルト語です。ウェールズ語やブレトン語（ケルト語族ブリトン語派に属する言葉）と同じように、サクソン人の英語が侵入してくる前は、イギリス諸島のかなりの部分で話されていました。ほかにも、フランスの一部で使われていましたが…（**次図**参照）。このコーンウォール語は、18世紀まで、コーンウォールのところどころで普通の言葉として使われていたのです。19世紀に入ってからも、家庭ではコーンウォール語をしゃべるという家族がかなりいましたが、その数は徐々に少なくなり、2009年2月には、ユネスコの言語学専門局によって、コーンウォール語は絶滅したという分類をされるようになってしまったほどです。

この分類に、2005年にコーンウォール県の支援を受けて設立され

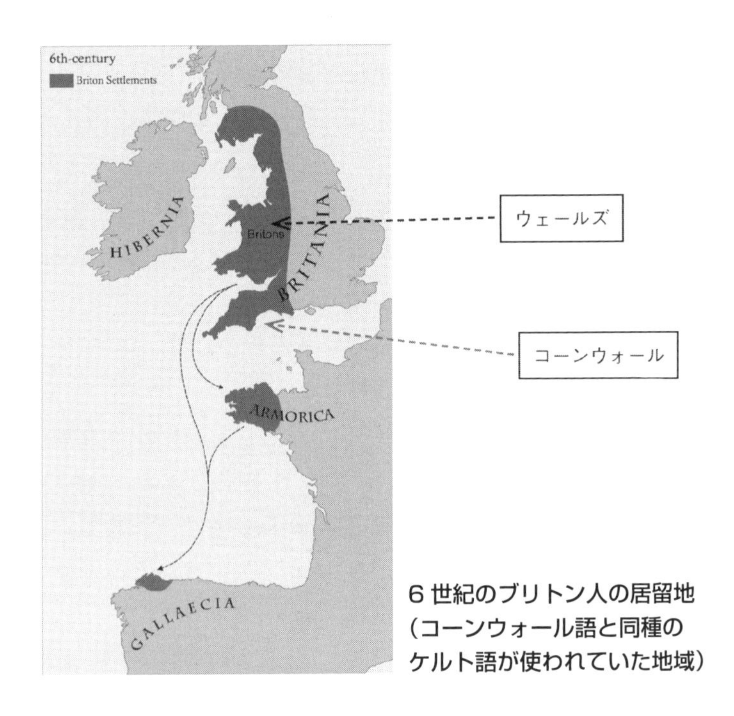

6世紀のブリトン人の居留地
（コーンウォール語と同種の
ケルト語が使われていた地域）

たコーンウォール語普及会（Cornish Language Partnership）が焦りました。そして、県と一緒になって、コーンウォール語の普及に取り組むようになりました。子どもたちは小学校の授業でコーンウォール語を学ぶようになり、また、大人は社会教育でコーンウォール語を学べるようになったのです。こうして2011年には、ユネスコが分類ランクを“絶滅の危険状態にある”というランクに引き上げることになりました。

コーンウォール語が復活をとげてから、多くのコーンウォール語の教科書や本が発行されるようになり、この言葉を勉強する人が増えています。最近は、コーンウォール語の音楽や映画も出てくるようになり、児童書も出版されるようになりました。まだ数は少ないですが、英語とコーンウォール語を完全に使えるバイリンガルの人も育っています。コーンウォール語を教える学校も、いまでは、数多くあります。コーンウォール語の託児所も2010年に一軒オープンしています。

8　コーンウォール語の価値は？

2006年以後、コーンウォール語を普及し発展させるために、100万ポンドを越えるお金が投入されてきました。今年（2014年）３月、中央政府は、コーンウォール語の奨励資金としてさらに12万ポンドを投じる予定だと発表しています。しかし、コーンウォール県は、今後３年間に、もう40万ポンド投入して欲しいと、中央政府に要請しています。これに併せて、県としても、もう10万ポンド投入する予定です。

これでは、コーンウォールの文化のアイデンティティの根幹である言葉の復活など、とてもできないという人もいるでしょう。逆に、いまは公的資金が大幅に減らされ、公衆トイレすら閉鎖されるところが出ているというときに、こんなにお金を使うのは無駄づかいだと考える人もいるでしょう。

政府から投入されるお金は、少数民族の言葉の普及にしか使えないのです。私は、いくつかの言葉を使える人間として、言葉がそれぞれの文化にどれだけ中心的な役割を果たしているかを、理解することができます。世界の6,000の言葉が今世紀末までに、半分になると言われています。そうした中で、私は、私たちのコーンウォール文化遺産に投資することは重要だと考えています。

9 コーンウォール・ブランド

コーンウォールの経済にとって、コーンウォールという銘柄の価値、すなわち“コーンウォール・ブランド（Cornish brand)”を高めていくことが重要です。そして、コーンウォール語は、それを高めるための中心となる柱です。コーンウォール県は、県の外郭団体であるコーンウォール開発公社（Cornwall Development Company）に資金を提供していますが、この公社の業務のひとつに“コーンウォール・ブランド標識（Cornwall marque)”(右図参照）を、コーンウォールの優れた企業に交付するという業務があります。

コーンウォール・ブランド標識

信用されているというだけの企業に、このブランド標識を交付するということはありません。コーンウォールは観光地だということに満足せず、新たな挑戦をし、それによって、コーンウォールの価値を高めようとしている企業。こういう企業を手助けするために、このブランド標識をつくったのです。この公社についてもっと知りたい方は…、

http://www.cornwalldevelopmentcompany.co.uk

をご覧ください。

10 コーンウォールと経済

“コーンウォール”というブランドのイメージは、「地方企業パートナーシップ（LEP；Local Enterprise Partnership)」によって遂行している仕事の上でも重要です。このLEPは、地方自治体と地方企業が協働して地方の経済を成長させ、雇用の場をつくるという目的のもとに、中央政府が2011年に立ち上げたものです。現在、イギリス全土に39のLEPがあります。2013年6月、政府は、このLEPに投入する資金計画を発表しましたが、これにより、2021年までの期間中に、全国38のLEPは少なくとも20億ポンド近い資金を運用することになるだろうと考えられています。中央政府の資金を獲得するためには、自治体と民間が協働して強固な戦略計画を立てることが必要です。

LEPが最終的に成功するかどうかは、地方の企業経営者、地方政治家などの参加者が、適切なビジョン・決定力・鑑定力をもち、協働できるかどうかによると考えられています。

コーンウォールのLEP幹部会は、コーンウォールの民間部門の代表者10人、県議会が指名した3人の議員、そして、1人の大学関係者で構成されています。民間部門が地方自治体の3倍の代表者を送り込んでいるという点が、大きな特色です。また、コーンウォールは統一自治体（Unitary Authority）ですので、他の地方のLEPとは違い、幹部会に送り込まれる議員が皆同じ議会の議員だというのももう一つの特色です。即ち、他の地方の自治体には、県と市の両方の議会がありますので、LEPの幹部会に送り込まれる政治家には、県議会の議員もあれば、市議会の議員もあり、また、別の市議会議員もいます。言い換えれば、さまざまな自治体から議員が代表者として送り込まれているのです。これをみれば、コーンウォールのLEPは、他の地方のLEPよりも、結束し、調和のとれた声を中央政府に伝えることができると言えるでしょう。

11 文化とコーンウォール

コーンウォールにはFEAST（フィースト）と名付けられた組織があります。中央政府の関連機関である芸術評議会（Arts Council of England）とコーンウォール県議会のパートナーシップで運営されている組織ですが、このFEASTも、コーンウォールの伝統文化を促進する働きをしています。FEASTはコミュニティに投資し、また、芸術家が企画する事業やイベントに投資しています。さまざまな人々、そして、コーンウォール人の文化にそれまで接してこなかった人々を巻き込み、伝統文化を考えてもらうためです。そして、芸術活動を通して、コーンウォールのアイデンティティを高め、コミュニティ精神を高めることに熱意をもっています。たとえば、私が住んでいるソルタッシュ町というコミュニティでは毎年6月にボートレースが行われますが、今度のボートレースの夜にはFEASTの主催で、コーンウォールの昔の神話劇が演出される予定です。この劇は、600年前にも実在し、神秘的な演劇が演じられた野外劇場に思いを寄せてもらおうと、いまも野外劇場で演じられることになっています。

コーンウォールはビッグ（big）です。コーンウォール県議会も、統一自治体であり、ビッグです。この大きさのために、問題が生じることはあります。しかし、コーンウォールの声をひとつにして、みんなで中央政府にプレッシャーをかけることができます。私たちの地域の境界線ははっきりしていますし、また、伝統・文化遺産もはっきりしています。今回、コーンウォールの住民はマイノリティ（少数民族）であると認められました。これにより、中央政府からのデボルーションが進み、コーンウォールのことは私たち自身で決めることができるようになるのではないか…と期待しています。

第４節　コーンウォールの議会・議員は何をしているか？

1 コーンウォールは大規模な自治体！

コーンウォールは規模の大きな自治体です。予算規模は年間12億ポンドもありますし、常勤職員も5,800人を超えています。このほかに、学校の先生・職員がいますし、独立行政法人の職員など、実質的に、コーンウォールの職員だといえる人々も多数います。これらの職員がサービスしている住民は、およそ540,000人です。マンチェスターやリバプールなどの大都市よりも、住民の数は多いのですよ。

何回か申し上げましたように、コーンウォールは、2009年に、6つの市と県の統合でつくられました。"統一自治体（Unitary Authority）"というのが正式な名称ですが、このコーンウォールの議会は、4年に1度の選挙で選ばれる123人の議員で構成されています。私は2013年の選挙で、このコーンウォールの議員になりましたが、規模があまりにも大きいため、コーンウォールの政策がどのように決定されているのか、どのように実施されているのかを理解できるようになったのは、1年半ほど経験した最近になってからでした。

その統治の仕組みを、今回、凝縮して説明したいと考えているのですが、「私にできるのかしら？」…という不安もあります。

2 コーンウォールの統治構造

コーンウォールがどのように運営され、どのように意志決定をしているか。これを、読者の皆さん方に理解してもらうためには、何はともあれ、コーンウォールの統治構造についてお話しすることが必要でしょう。

すべての意志決定は、住民の意向を考慮して行わなければなりません。また、住民のニーズを反映し、住民のニーズに応えて意志決定することが重要です。もちろん、意志決定の過程は透明でなければなりません。何故、そういう決定をしたのかを、住民が納得できる形で説明する責任もあります。こういう配慮から、イギリスでは、長い間、議会の「委員会」が行政運営の責任機関となるという「委員会制」(committee system）を採用していました。しかし、21世紀に入ってから、この「委員会システム」は採用できなくなりました。それぞれの自治体は、中央政府によって決められたパターンのなかから、ひとつのパターンを選び、それによって、自治体の運営をすることになったのです。そのパターンのなかには、住民が選挙で首長（Mayor）を選び、その首長が議員のなかから何人かの閣僚を選んで内閣を構成するというパターン、あるいは、議員のなかから、議員の互選で“リーダー”を選び、その“リーダー”が議員のなかから選出した閣僚とともに内閣を構成するというようなパターンがありますが、コーンウォールは、このなかの「“リーダー”内閣制」を採用してきました。

しかし、この自治体の運営機構も当初は全国画一的で、各地で問題が生じていました。コーンウォールでも、内閣があまりにも権力を振りまわし、内閣のメンバーでない一般議員の意見を無視するという問題がたびたび発生していたのです。こうしたときに、中央政府から示された統治機構を、各自治体がアレンジしてもよいという法律が制定されました。2011年に制定された地方主義法（Localism Act）がそれです。

コーンウォールは、これを、運営が効率的に行われているかどうか、政策決定がどのように行われているかを精査し、内閣制の運営を見直す絶好の機会と考えました。そして、公選の議員と外部のボランティア（3人）で構成された「審査会（panel）」を立ち上げました。3人のボランティアは次の方々でした。

・Tim Thornton 師；トゥルーロ主教（Bishop）

・Debbie Wilshire ；コーンウォール大学副学長

・Martin Parker
；コーンウォール・議員行動監視委員および前監査委員

この「審査会」は、コーンウォールの運営に関して、コーンウォール県とパートナーとなっている機関、たとえば、警察本部（Devon and Cornwall Constabulary）、コーンウォール王立病院（Royal Cornwall Hospital Fund）、コーンウォール大学など、さまざまな公的機関、私的機関の代表を招き、3日間にわたって、意見を聞くということもしました。審査会が質問したことに対して、80通以上の文書による回答がありましたし、それに加えて、87の提案があったとのことです。

3 見直しで検討された内容は？

見直しに際して、「審査会」が重視したのは、次のような事柄でした。すなわち、コーンウォールをどのように運営するか、どうすれば、政策決定を効率的にできるか、住民が参加できるようになるか、政策決定の過程を透明にできるか、住民に適切に知らせることができるか、等々を考慮しながら、コーンウォールの統治構造を検討したのです。また、県のパートナー、利害関係者、各地域のさまざまな団体・組織等と、どのように連携するかについても検討しました。利用できる資源を最大限に利用し、サービスの重複を少なくし、最終的に、よりよいサービスを住民に提供できるようにするためです。

21世紀に入ってから、従来の「委員会制」を採用できなくなっていたことは前述しましたが、2011年の地方主義法により、自治体は、「内閣制」あるいは、この「委員会制」のどちらかを採用できることになりました。そのほかの方式も採用できますが、その場合は、中央政府によって、それを認めてもらうことが必要です。

そこで、以下、「委員会制」と「内閣制」、それぞれの利点と問題点について、みておきますと…

① 「委員会制」

自治体の行政分野ごとに「委員会」が設置されます。そして、それぞれの「委員会」で政策が決定され、その実施方法が決定されます。委員会の構成メンバーとなるのは議員です。そのメンバーは議会で選任されます。議会に2つ以上の政党がある場合、各委員会にすべての政党の議員が加わっていなければなりません。委員会では、職員の説明を聞いた上で、政策を検討しますが、委員会の委員（＝議員）が関心を持つのは、議員レベルで検討しなければならない事柄、言い換えれば、重要な事柄についてです。自治体の日々の行政については、一般に、職員に任せています。この制度の利点として、あるいは、問題点として指摘されているのは、次のような点です。

(利点)；

・「委員会制」のもとでは、議員が直接的に意志決定に参加することができ、また、意志決定に影響を及ぼすことができます。

(問題点)；

・行政部門別に、いわゆるタテワリ状況のもとで、意志が決定される危険性があります。行政全体にわたって横断的に検討することが難しいという問題点です。

・総じて非効率的であるともいえます。意志決定に手間取りがちですし、政策や成果よりも、いま動いている事柄に焦点を合わせすぎるという傾向があります。

・委員会の議員に対して、職員が説明し、助言をしますが、このために、職員の膨大な時間が使われます。

② 「内閣制」

この制度のもとでは、まず、議員の互選で、あるいは、住民の直接選挙で、自治体のリーダーが選ばれます。議員の互選で選ばれる場合は“リーダー（Leader）”と呼ばれますが、住民の選挙で選ばれる場合は、“メイヤー（Mayor）”と呼ばれています。このリーダーが、何人かの議員を選び、執行機関をつくります。これが「内閣」です。「内閣」は自治体のカギとなるような戦略問題を決定し、自治体の政策の執行に責任をもちます。リーダーが内閣の閣僚として任命できるのは、２人から９人の議員です。各閣僚は、それぞれ担当する職務を持ちます。たとえば、保健担当、福祉担当、経済開発担当…という具合です。この「内閣」が責任ある活動をするように、自治体は、監視委員会（Overview and Scrutiny Committee）を任命します。この監視委員会の委員には、主に議員が就任しますが、議員外の人々、たとえばビジネス界や公共部門組織の代表者などが委員に含まれることもあります。「内閣」の閣僚は、もちろん、監視委員会の委員になることはできません。この監視委員会の任務は、「内閣」が決定した事柄、あるいは、これから決定しようという事柄を精査することですが、一方では、自治体の政策を進展させるために「内閣」を助けるという任務もあります。この制度の利点、問題点としては、次のようなことを挙げることができるでしょう。

（利点）；

・戦略的な事柄が、迅速に、かつ調整のとれた形で決定されます。

・自治体のパートナーとなる組織は、「委員会」よりも、「内閣」とのほうが、容易に協働することができます。

・各閣僚の職務がはっきりしているため、自治体のパートナーにとって、誰と交渉すればよいのか明らかですし、的確な情報を得ることもできます。

（問題点）；

・「内閣」は多数派の政党に所属する議員で構成されるのが一般的ですが、それをチェックする監視委員会（Overview and Scrutiny Committee）も、通常、の多数派政党の議員が多数を占めます。

・「内閣」メンバーでない議員は、意志決定の過程に参加できないと感じるのが一般です。

・「内閣」のメンバーという少数の議員に大きな権限が集中します。

コーンウォールの統治構造をどのように見直すかの検討をした「審査会（panel）」は、その検討しているときに、コーンウォールの「内閣」が実際に引き起こした問題に光を当てました…。

2012年8月のことですが、コーンウォールの“リーダー”並びに「内閣」の面々、そして、幹部職員が、県庁の一連の業務、また、保健医療サービスを外部委託しようと計画していたのです。この協定の相手方としては、BT（British Telecom；電気通信業社）とCSC（世界的なITサービス企業）が挙げられていました。この外部委託の最終決定を議会の本会議にはかるという考えは、“リーダー”や「内閣」

の閣僚にはありませんでした。そして、最終的には、「内閣」と事務総長（職員のトップ）がこの外部委託を承認するということになりました。

これに反発した議員が、９月に、本会議に緊急動議を提出。動議の内容は、「コーンウォールの住民にとって、このパートナーシップはベストではないということを、議会で決議しよう」というものでした。

この動議は採択されました。ところが、信じられないことに、「内閣」はこの採択を無視して、BT および CSC との協議を続けたのです。そこで、議員たちは外部委託をするべきか否かについて、本会議での投票によって決めようという申し立てをしました。この申し立てに 5,000 人の有識者の署名が集まったほどです。こうして、外部委託は本会議で議論されることになり、2012 年 10 月 23 日に開かれた本会議では、満場一致で、協定締結の中止が決められました。「内閣」がその責任を問われることになったのは言うまでもありません。

4　新しい統治構造は？

2012 年 10 月、「審査会（panel)」が、議会の本会議に、その検討結果を報告し、また、いくつかの勧告をしました。これらの勧告は議会で認められ、それに伴い、コーンウォールの「内閣制」は修正されました。閣僚ではない議員によっていくつかの助言委員会が設置され、それらの委員会が「内閣」の閣僚に助言するという制度になったのです。この新しい制度を少し詳しく説明致しますと…

まず、議会の本会議で、毎年、123 人の議員のなかから“リーダー”を選出します。この“リーダー”が９人の議員を選び、「内閣」をつくります。「内閣」の業務は“リーダー”とこの９人の議員（閣僚）に分割され、それぞれが担当する業務の責任を負うことになります。“リーダー”と内閣は、事業実施計画（Business Plan）をつくり、それに基づいて仕事をしますが、この計画は、本会議で議決された予算の範囲内でなければならないのは言うまでもありません。

(助言委員会)

そして、“リーダー”と閣僚の業務に助言するための委員会、すなわち閣僚職務助言委員会（Portfolio Advisory Committee；PAC）が議会に設置されます。「内閣」の閣僚をサポートし、また、まずいと思えば、異議を唱える委員会です。この助言委員会（PAC）は、それぞれ、10人の議員がメンバーとなり、その互選で委員長を選出します。

この委員会（PAC）の設置によって、「内閣」のメンバーでない議員も、政策の形成に、また、その実施に、参加できるようになりました。また、コーンウォール県と協働している外部組織の仕事についても、議員が議論できるようになりました。助言委員会（PAC）の会議には、部長などの幹部職員も資料を提供し、説明をするために出席します。

助言委員会（PAC）の会合には、その職務を担当している閣僚は常に出席しています。このため、助言委員会の会議では、委員（議員）は、いつでも、閣僚に質問することができます。そして、議会の本会議で審議される問題の多くは、議会審議の前に、助言委員会で論議されています。この結果、議論を引き起こしそうな問題について、議員がどのように感じているかという感触を、閣僚は持てるということになります。

(監視委員会)

「内閣」を監視し、また、コーンウォール県の仕事をチェックするために、監視委員会（Scrutiny Committee）が設置されました。この委員会のメンバーは、議会で任命されます。監視委員会には、2つの委員会があります。ひとつは、あらゆる年代の住民の健康、ソーシャルケアに関して監視する委員会（Health & Social Care Scrutiny

Committee）で、もうひとつは、「内閣」の業務を監視し、また、洪水の危険の監視、犯罪や騒動の鎮圧を監視する運営監視委員会（Scrutiny Management Committee）です。これらの監視委員会は、詳細な調査をするわけではありません。詳細な調査が必要な場合は、分野および期限を限定して、特別の監視委員会を設置します。監視委員会は、証人の喚問、詳細な質問をすることができ、監視結果のレポートを発表することができます。監視委員会は、「内閣」および閣僚の決定に異議申し立てをすることも可能です。この場合は、“差し止め（call-in）”として知られている手続きに従う必要がありますが…。監視委員会は、また、議員の特別の要請に応えることもできます。

（その他の委員会）

このほかにも、たくさんの委員会の設置が法律で決められています。たとえば、次のような委員会です。

・免許関連の委員会（Licensing）

・開発計画委員会（Planning）

・監査委員会（Audit）

・統治機構に関する委員会（Governance and Constitution）

・行動規範委員会（Standards）

・不服審査委員会（Appeals）

・年金委員会（Pensions）

このような統治構造のなかで、(閣僚でない) 議員が、政策形成・決定に大きな役割を果たし、影響力を発揮することが期待されています。この統治構造は、また、閣僚と議員の関係を強化しようというねらいがあることも確かです。

5 議会・「内閣」・議員の仕事ぶりは？

すでに説明したところですが…コーンウォール議会は、毎年、本会議で“リーダー”を選出します。そして、「内閣」のメンバー (閣僚) は、この“リーダー”によって任命されます。一方、各委員会のメンバーは、各政党のリーダーによって選ばれます。助言委員会 (PAC) の委員長は、毎年度の最初の会合で、委員会のメンバーによって選出されます。

コーンウォールの議会の現在の主要な政党あるいは会派としては、自民党 (Liberal Democrat)、保守党 (Conservative)、労働党 (Labour)、無所属団 (Independent) を挙げることができますが、このほかに、イギリス独立党 (UK Independence party)、そして、コーンウォールの息子達 (Mebyon Kernow) という政党がそれぞれ数人の議員を擁しています。また、わずかですが、純粋の無所属の議員もいます。

これらの議員が関係する本会議や「内閣」、各委員会の開催日数や権限などを、簡単に整理してみますと、次のようになります。

① 本会議 (Full Council)

・開催日数；

6 週間に 1 度。

・参加者など；

すべての議員 (123 人の議員)。

会議を仕切るのは“議長 (Chairman)”。

住民に公開、誰でも質問できる。

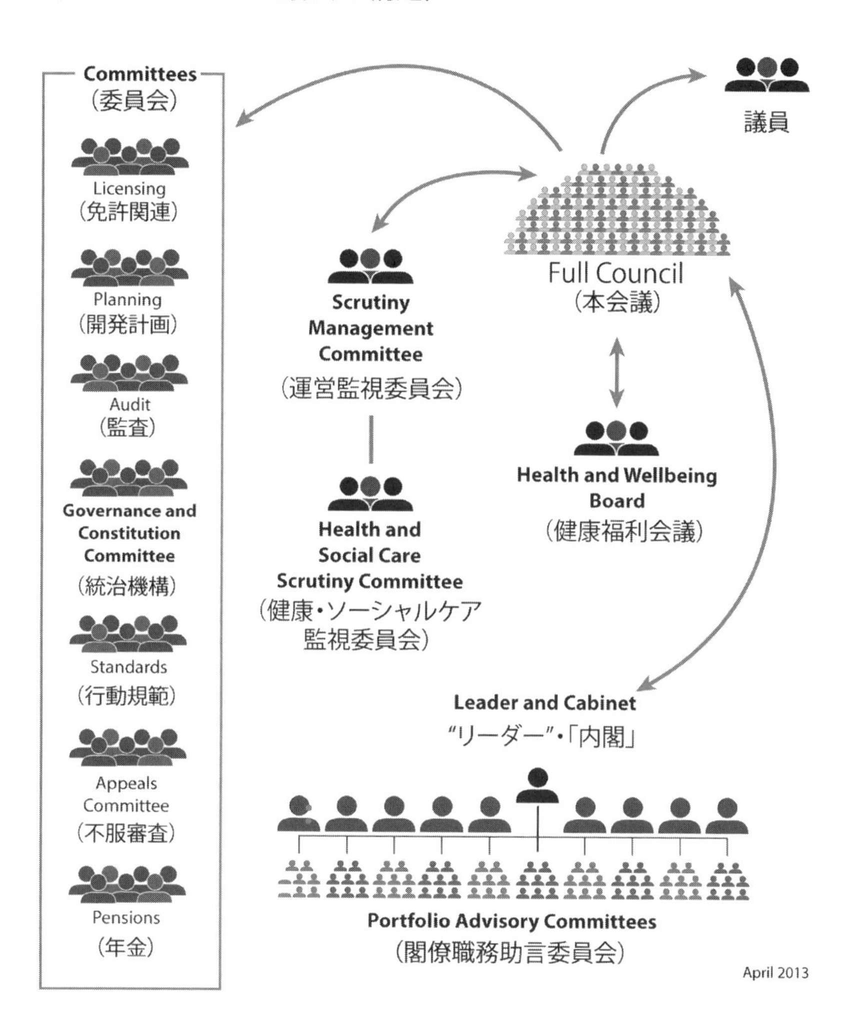
Governance Model
（コーンウォールの議会の構造）
出典：コーンウォール議会
http://www.cornwall.gov.uk
Committees
（委員会）
Licensing
（免許関連）
Planning
（開発計画）
Audit
（監査）
Governance and Constitution Committee
（統治機構）
Standards
（行動規範）
Appeals Committee
（不服審査）
Pensions
（年金）
議員
Full Council
（本会議）
Scrutiny Management Committee
（運営監視委員会）
Health and Social Care Scrutiny Committee
（健康・ソーシャルケア監視委員会）
Health and Wellbeing Board
（健康福利会議）
Leader and Cabinet
"リーダー"・「内閣」
Portfolio Advisory Committees
（閣僚職務助言委員会）
April 2013

Webcast で中継。

・権限、機能；

予算の承認、政策の実質的な変更。

コーンウォール県憲法（constitution）の採用・変更。

“リーダー”の選定、更迭。

事務総長（Chief Executive）の任命。

② 「内閣」(Cabinet)

・開催日数；

年 8 回、そのほか状況に応じて開催。

・参加者；

“リーダー”及び 9 人の閣僚。定足数は 3 人。

“リーダー”が議長となる。

サブ機関の設置は認められていない。

“リーダー”の裁量で、議員が出席し発言できる。

住民に公開。誰でも質問できる。

Webcast で中継。

③ 助言委員会

正確には、閣僚助言委員会（Portfolio Advisory Committees)。

“リーダー”及び閣僚の 1 人一人に対して、ひとつの助言委員会

・開催日数；

公式会議（8 週に 1 度)、非公式会議（8 週間に 1 度)。

すなわち、公式、非公式のいずれかを月に 1 度開催。

・参加者；

10 人の委員（議員)。

サブ委員会の設置が認められている。

公式会議は、住民に公開。住民は誰でも質問できる。

非公式会議は非公開。

・権限、機能；

政策形成に関する討論の場。

閣僚にアドバイスを提供。

非公式の会合で、職員が、政策に関して説明。

④　監視委員会（Scrutiny Committee）

監視委員会には、「内閣」を監視する委員会と住民の健康を監視する委員会の２つの委員会がある。

・開催日数；

公式の委員会は、３か月に１度。

しかし、“差し止め（call-in）”すなわち業務執行の停止を求める臨時会があり、また、その調査のための臨時会がある。

・参加者；

10人の委員（議員）。

サブ委員会の設置が認められている。

公式の会議には住民が出席でき、質問できる。

・権限、機能；

“内閣”が行ったひとつの具体的な決定・行為を精査する。

決定者の責任を問う。

⑤　法定の委員会（Regulatory Committees）

例えば、開発計画委員会（Planning Committee)、監査委員会（Audit Committee）など。

・開催日数；

ほとんどの委員会は月に１度。

・参加者；

委員会の機能によって、参加人数が違う。

開発計画委員会の場合は、住民が参加でき、意見を述べることができる。他の委員会にも、一般的には、住民は参加できる。ただし、委員会が機密事項を取扱う場合は、参加できない。

・権限、機能；

開発計画委員会の場合は、計画そのものから、建築許可まで広範囲な権限がある。

県の決定に対して裁判に訴える権限もある。

⑥　健康・福利会議（Health and Wellbeing Board）

2012年の法律に基づいて、コーンウォール県が設置したもので、2013年から活動している。

・開催日数；

公式には、年4回開催。

・参加者；

現在は、13人の会議のメンバー、それに6人のオブザーバー。

このオブザーバーのうち1人が議員であることが法律で要請されているが、コーンウォールでは、現在、3人の議員がオブザーバーとなっている。

住民は会議に出席できる。

・権限、機能；

健康戦略の策定。

⑦　統治機構に関する委員会

（Governance & Constitution Committee）

・開催日数；

公式には、6週に1回。

・参加者；

10人の委員（議員）、政党のバランスを考慮して選任。

サブ委員会の設置が認められている。

住民は傍聴できる。しかし、発言はできない。

・権限、機能；

　統治機構の修正、変更を勧告。

⑧　監査委員会（Audit Committee）

・開催日数；

　公式には、年に3回。

・参加者；

　10人の委員（議員）。

　サブ委員会の設置は認められていない。

　住民は傍聴できる。発言はできない。

・権限、機能；

　コーンウォール県の会計簿をチェック。

　行政組織が効果的に機能しているかに就いても検討する。

⑨　行動規範委員会（Standards Committee）

コーンウォールの議員、その他の関係者の行動が、住民に不満をもたらしているか、適切な水準を保っているかなどを審議する委員会。

・開催日数；

　公式には、年に4回。

・参加者；

　29人の委員。その構成は…

　9人の議員、10人の任命された委員、10人の町議会・パリッシュ議会の代表。

　住民は傍聴できるが、発言はできない。

・権限、機能；

　議員その他の関係者の行動水準の維持。

6 これらの会議に関する職員の役割は？

これらの会議に関係する職員は、議会・議員の手助けをする部局の職員です。この部局は、「民主主義部（Democratic Services）」と名付けられていますが、この部局の職員は、上述のすべての会議・会合に手分けして出席します。会議に必要なものを準備するのも、この職員です。住民が参加できる会議の場合は、職員は、さらに、進行上の手順を議長に説明し、また、住民の質問に答えられる準備もしておかなければなりません。会議の進行状況をメモするのも、また、手続き上の問題が生じたとき、議長や委員長に助言するのも、この「民主主義部」の職員です。会議の採決の結果を報告するという任務もあります。会議の後、会議に出席した職員が議事録の草案を作成します。その草案には、次回の会議の審議事項（agenda）が書き込まれています。

委員会への報告は、それぞれの報告事項を担当する部局の長によって報告書が編集され、それが委員会に提出されます。通常、担当部局の長は、報告書の要約版を作成し、また、関連情報を提供します。委員（議員）の質問に応えるのも、この担当部局の長です。報告書を編集するにあたって、担当部局は、すべての関連情報及び代替案を検討し、分析しなければなりません。また、委員会に勧告することも必要です。

7 議員の政策決定への影響力は？

委員会に所属する議員は、動議（motion）あるいは動議の修正案を出すことができます。動議は、委員会に審議して欲しいという提案です。賛同者がいれば、投票ということになり、動議に賛成する委員が多ければ、委員会の決定ということになります。

私は、児童・青少年に関する助言委員会（Children and Young People's PAC）、経済・文化助言委員会（Economy and Culture PAC）の委員、

また、年金委員会（Pensions Committee）の委員になっていますので、これらの委員会で、議会の本会議あるいは「内閣」で政策が決定される前に、意見を言うチャンスをもっています。

このほかにも、次のように、実質的に政策決定に関与できる方法もあります。すなわち…

委員会の委員を選出する場合、政治勢力を反映する形で、委員を任命しなければならないというのが、法律の要請です。現在（2014年）のコーンウォール議会の最大会派は自民党（Liberal Democrat Party）で38人の議員がいます。次いで大きいのは無所属（Independent）の会派で、議員数が36人です。そして、この無所属の会派と自民党で、コーンウォールの行政府（「内閣」）が構成されています。したがって、「内閣」のメンバーは自民党と無所属の議員です。“リーダー”になっているのは、自民党ではなく、無所属の議員ですが…。また、それぞれの閣僚に対する助言委員会（PAC）の委員長も、大半がこの２つの会派の議員です。PACのメンバーも、この２つの会派が多数を占めています。

私はこの最大会派の自民党の議員です。そして、私たち自民党の議員は、さまざまな政策やアイデアを論議するために、党の会合を開いています。この論議の結果は、それぞれの議員が助言委員会（PAC）に持ち込んでいます。自民党の議員はいつもこの会合に参加していますので、この会合では、広範囲の問題について、質問し、意見を表明する機会を与えられています。時には、この会合に自民党の国会議員も出席します。このため、国レベルの政策にも影響力を発揮できるチャンスがあるのです。

各政党のリーダーは、所属議員の意向をまとめるという点で、非常に重要な役割を果たすことが期待されています。実際にも、そういう働きをしています。たとえば、そろそろ、来年度の予算編成の時期が近づいていますので、自民党のリーダーは、１か月ほど前から、ややこしい財政問題について、また経費節減について、個々の自民党議員との話し合いを始めています。

8 正しき判断を！

何はともあれ、議員は、自分の経験や新聞の報道ではなく、確固とした情報やデータにもとづいて、意志を決定することが最高に重要なことです。私たちのコーンウォールでは、情報を順序正しく整理するための職員チームをもっています。

この情報整理を見てみたいと思われる方は、
http://www.cornwall.gov,uk/intelligence をご覧下さい。

助言委員会（PAC）のシステムは、「内閣」に加わっていない議員にも、政策決定過程に参加しているという意識をもってもらうために、昨年、2013 年に導入されたものです。それ以前の閣僚でない議員は、「内閣」の政策形成に影響を及ぼすことは非常に難しかったといわれています。私がコーンウォールの議員になったのは、このシステムの導入後ですから、聞いた話ですが…。このシステムの導入は、大変な改善だったわけです。

とはいえ、この助言委員会（PAC）のシステムの導入により、議員及び職員の会合の回数が増えました。また、旧型の委員会システムに比べて、意志決定の過程がより透明になり、より迅速になったことは確かですが、担当閣僚に勧告するだけだという助言委員会（PAC）の権限なので、すなわち、閣僚は助言委員会（PAC）の勧告に従わなくてもよいということですので、不満を抱いている議員も大勢います。そのため、現在、別の見直しが進められているところです。この見直しは、2012 年の見直しに比べて、規模は小さいですが…。近い将来、私たち議員がもっと適切なかたちで活動できるように、微調整が行われると思います。

第5節 「4年予算」の作成

1 スコットランドの独立投票の影響

今年（2014年）の9月18日に、イギリス（グレートブリテン及び北部アイルランド連合王国；UK）からスコットランドが独立するべきか否かを決める住民投票が、スコットランドで行われました。結果は、独立反対の票が55%でした。そのため、スコットランドはイギリスにとどまることになりましたが、この住民投票のキャンペーン中に、イギリスのキャメロン首相は、スコットランドの自治をもっと拡充するという軽はずみな約束をしてしまいました。

これにより、スコットランド以外の地域でも、自治権の拡充を求めて騒がしくなってきました。スコットランドだけが特別の待遇を受ける理由はないというわけです。たとえば、ノーサムバーランド（Northumberland）から選出されているオパーマン（Guy Opperman）国会議員は、今年の4月に設立されたノース・イースト自治体連合（North East Combined Authority）[5]の統率者として公選首長を置くことを要求していますし、ヨークシャー（Yorkshire）ではウェールズと同じような国会（assembly）の設置を求めるデボルーション[6]運動体（Yorkshire Devolution Movement）が設置されるようになりました。もちろん、コーンウォールでも、私たちは政府が法律制定権を含む自治権を私たちに移譲してくれることを熱望しています。

2 イギリスの自治体の財政構造

しかし、問題の根源は、こういうこととはもっと違ったところにあります。地方自治体は、中央政府の財源に依存しすぎているところに問題があるのです。この依存をもっと小さくする必要があります。私は日本に長く住んでいましたが、そのときは、さまざまな地方税があることに困惑していました。なにしろ、温泉税という税もあるのですからね。しかし、いまは、私はイギリスの地方議員ですから、日本の地方税の多さをうらやましく思っています。何しろ、ここイギリスでは、地方税は一種類しかないのですから…。

これは、地方自治体の収入の大部分は、中央政府から交付される財源であるということを意味します。イングランドの場合、地方自治体の収入は平均すると次のような状況です。

・中央政府の交付金　—　61%

・ビジネス・レイト　—　17%
（地方譲与税；企業や商店に課税する資産税）

・カウンシル・タックス　—　22%
（地方税；資産税と人頭税）

このように中央政府からの交付金の量が非常に多いため、中央政府の交付金額が少しでもカットされますと、地方自治体の財政は直接的な、しかも、深刻な衝撃を受けるということになります。その上、中央政府は、地方自治体に対して、地方税の上限を押しつけています。カウンシル・タックスを2%以上引き上げてはならないという制限です。このため、中央政府が交付金を減らした場合には、地方自治体としては、支出をカットする以外に選択の余地はないということになります。

3 支出の削減、削減、さらに削減…

2011年に、中央政府は、地方自治体に対する交付金を30％減額すると発表しました。その結果、コーンウォール県は支出を170百万ポンド削減しなければなりませんでした。その後、2013年のことですが、政府はそれまでの減額に加えて、2014年度にさらに1％の交付金の減額をすると宣言しました。これにより、私たちコーンウォールは、2014年度はさらに40百万ポンドの経費の節減をしなければなりません。2015年度の交付金の見込額は、現在、中央政府から示されているところです。2015年は総選挙が行われます。しかし、中央政府の支出カットの見直しはされないようです。それどころか、主要政党はこぞって、財政の厳しさを強調し、中央政府の支出をもっと削減する必要があると言及しています。これらのことから推測しますと、コーンウォールは2018年度までに、さらに、196百万ポンドの支出を削減しなければならないようです。(1ポンド＝187.77円：2014年時点)

こうした状況に対処するために、コーンウォール県議会では、昨年、戦略・ビジネスプラン（Strategy and Business Plan）をつくり、コーンウォールの長期ビジョンを示そうということを決めました。

4 長期の展望

私たちには、ほかにも、プレッシャーがあります。インフレーション、職員などの給与アップ、高齢人口を支える経費の増大…など、とても挙げきれません。いまの仕組みのもとで、これらに対処する財源をつくろうと思いますと、大変な額の経費削減をして、これらのプレッシャーに財源を回すことが必要になります。しかし、そんなことはとてもできませんから、行政サービスを提供する方法を根本的に変えることが必要となるでしょう。

コーンウォールは、2009年以来、すでに170百万ポンドの経費削減をしてきました。そして、効率性という面でも、改善を重ねてきました。効率性をいくらあげるといっても、そこには限度があるのはいうまでもありません。これ以上の改善をしようと思えば、いままでとは異なるアプローチをする必要があります。そこで、ビジネス・プラン（Business Plan）をつくり、長期展望をしようということになりました。

私たちコーンウォールの年間予算は505百万ポンドを少し上回るだけです。この予算から、2018年までに196百万ポンド削減しなければならないのですから、行政サービスの経費をこれまでとは全く違うものにし、大幅に減らす必要があることは明らかでしょう。しかも、これらの経費削減にすぐに取り組まなければなりません。これが事態をもっと難しくしています。おそらく、この1年間に、68百万ポンドの削減を迫られることになるはずです。

この経費削減のひとつの選択肢として、ちょっと難しいことですが、議員定数の削減が考えられます。現在、コーンウォール県には123人の議員が選ばれていますが、この数は多すぎるようにも思えます。私たち123人の議員が本会議場に集まると、大変な騒がしさになるということも事実です。しかし、議員定数の削減を決定できるのは地方境界委員会（Local Government Boundary Commission）ですし、コーンウォール議会自身も、議員定数の見直しの引き金を引くということはないでしょう。

5 いままでの進展は！

私たちは、196百万ポンドの経費削減というゴールを目指して、大きく前進しました。中でも大きな前進は、EUからコーンウォールに提供される資金の使い方を次回からはホワイトホール（すなわち中央官僚）が決めるという政府の決定をひっくり返しつつあるという点です。コーンウォール議会が仕掛けたキャンペーンが功を奏し、EU資金をどのように使うかは、いままでのように、コーンウォールが決めてもよいと、中央政府が認めつつあるのです。

また、コーンウォールの地方債はAA＋の格付け（credit rating）を得ています。イギリスの地方自治体が取得できる最高の格付けです。これは、コーンウォールが最も低い利率で借金できるということを意味しますし、また、様々な事業のパートナーとして優先されるということを意味します。

とはいうものの、財政的に大変な状況に置かれていることには変わりがありません。そこで、私たちコーンウォール議会では、2015年4月1日から4年間を見通す予算を作成しようということになりました。年度予算という短期見通しの予算によって、政治があまりにも悪い影響を受けているという認識のもとに、短期見通しから脱却しようということになったのです。コーンウォールの県議会の次の選挙は2017年に行われます。したがって、「4年予算」を作成するということになれば、いまの時点で決定した政策が、次の選挙以後の県議会をも拘束するということになります。これを次の選挙で選ばれた議員がどう判断するかという問題がありますが、しかし、「4年予算」が実行されることにより、コーンウォールの人々は、県が（そして県のサービスが）将来どうなるのか、より一層、理解しやすくなります。そして、コーンウォールの予算の多くを使っている民間企業も、長期的な戦略を持つことができるようになるでしょう。

6 コーンウォールの戦略

2014年の春のはじめ、私たちコーンウォールの議員は、コーンウォールの未来のビジョンを描き、政策の優先順位を決める戦略計画について、話し合いをスタートしました。コーンウォールでは内閣制を採用していることは以前に説明しましたが（第２章第４節を参照)、３月と４月には、このコーンウォールの内閣をひきいる“リーダー(Leader)”(もちろん議員です）と職員のトップである事務総長（Chief Executive）がコーンウォールのすべての地域を訪ねました。123人の県議と、それぞれが選出されている地域で話し合うためです。私の地域（コーンウォール南東部）では、この２人と南東部で選出されている議員がテーブルを囲んで座り、話し合いました。そして、大きな白紙に思いついたことを書き込み、私たちにとってこれから最重要なことは何なのか、ブレインストーミングをしました。すなわち、みんなでアイデアを出し合い、互いに発想を引き出していく集団思考をしました。

ミーティングには、職員は１人も参加しませんでした。“リーダー”自身が部屋の壁に貼られた大きな紙に、青いマーカペンを使って、私たちのアイデアや連想で思いついたことを書き込み、整理し、組み合わせていくという、まさにブレインストーミングをしたのです。“リーダー”はかつて中学校の先生でした。(驚くなかれ、私の中学校の先生だったのです！)。そして、今回のコーンウォール県議が生徒となった“クラス”でも、上手に導いてくれました。

これらのコーンウォール全域でのミーティングの結果、次の８つの事項が検討されることとなりました。

・野心あるコーンウォール（Ambitious Cornwall）

・コミュニティとの連携（Engaging with our communities）

・仲間との協働（Partners Working together）

・生活に欠かせないアクセス手段
（Greater access to essentials for living）

・経済の発展（Driving the economy）

・コーンウォールの貴重な資産の管理
（Stewardship of Cornwall's assets）

・健康で安全なコミュニティ（Healthier and safe communities）

以下、これらについて、少し解説を加えますと…

・野心あるコーンウォール（Ambitious Cornwall）
―デボルーションへの新しいアプローチ

私たちは、"デボルーション"の柱として、中央政府がコーンウォールにもっと大きな自治権（自主決定権）と資金を移譲してくれることを求めています。私たちは、いま、中央政府と交渉し契約するための草案を作成しています。『コーンウォールの主張（Case for Cornwall)』と題する契約草案です。これによって、真の権限を移譲してもらい、経済発展と繁栄を勝ち取りたいと思っていますが、何よりも、私たち自身の運命を、私たち自身でコントロールしたいというのが私たちの考えです。（この『コーンウォールの主張』については、後ほど第２章第７節で説明します。）

・コミュニティとの連携（Engaging with our communities）

行政サービスのなかには、地域レベルで行政サービスを提供すれば、もっと効率的になるというものが少なくありません。そこで、私たちコーンウォール議会では、いくつかのサービスや施設を、町議会（もしくはパッシュ議会)、あるいは、コミュニティのグループやボランタリー機関に委ねたいという考えのもとに、これらの団体や機関と協働しようとしています。"コミュニティ・デボルーション・チーム(Community Devolution Team)"を設置し、コミュニティへの権限移譲を“高速で”進めようとしているのです。これはすでに決定しています。

・仲間との協働（Partners Working together）

私たちコーンウォール議会は、県以外のいろいろな組織、とりわけ公共部門の組織と協調すれば、もっと効果的に、かつ効率的にサービスを提供できるようになると信じています。そのため、たとえば国家保健サービス機構（National Health Service）と協力して、コミュニティでのケア・サービスを改善に努めているところです。

・生活に欠かせないアクセス手段（Greater access to essentials for living）

集落が分散している農村地帯では、サービスや職場へのアクセスが大きな問題です。そこで、私たち議員は、財政状況がどれだけ厳しくなったとしても、農村地帯を走るバス・ネットワークの予算は守らなければならないということで、合意しました。そして、事前の対策ということで、コミュニティから職場や学校へアクセスする鍵となる路線を守るために、民間バス会社と協力することを約束しました。道路を良好な状態で維持するためには、大変な経費がかかります。そのため、道路の維持はいまのところは、まだ課題という位置づけですが、優先事項としています。いま、道路を効果的に整備するために、また、道路のくぼみを修復するために、投資をしているところです。

・経済の発展（Driving the economy）

私たちコーンウォール議会は、EU 資金の影響力を最大限に活用することによって、雇用の場をつくり、生産力を伸ばし、コーンウォールの商品やサービスの価値（Gross Value Added；GVA）を高め、その結果として、コーンウォールの経済成長をもたらし、所得水準が上がることを目指しています。

・コーンウォールの貴重な資産の管理
(Stewardship of Cornwall's assets)

私は、私の子ども達がこんなにもきれいな世界の片隅（コーンウォール）で育っていることに幸せを感じています。コーンウォールの自然環境の資産は、親から子・孫へと、それぞれの世代が守り続けていかなければならない貴重な資源です。これらは、また、コーンウォールの経済発展の基盤でもあります。そこで、私たちコーンウォール議会は、コミュニティと協力して、また、コミュニティの権限を強化して、それぞれのコミュニティにも、これらの重要な資源をコントロールしてもらおうと考えています。私たちコーンウォールは、太陽熱、風、波、地熱など、再生可能なエネルギー源をもっと利用するための事業計画に投資する予定です。

・健康で安全なコミュニティ（Healthier and safe communities）

いまのところ、最も裕福なコミュニティと最も貧しいコミュニティとでは、人々の平均寿命が９年も違います。このギャップを埋めるために、県はコミュニティと協力して健康の改善を図っていくつもりです。そのため、先ずは、早すぎる死の５大要因―ガン、心臓病、脳卒中、呼吸器疾患、肝臓病―に焦点を当てることになるでしょう。

7 効率よく、効果的に、そして刷新―戦略計画のねらい―

一定のカギとなる分野で、運営の仕方を改善すれば、行政はもっと効率的にサービスを提供できるようになる。これが、私たちの考えです。そこで、私たちは、もっと身の引きしまった、もっと工夫する力をもった組織をつくり、絶対に必要なサービスを、最大限に効率的で効果的な形で提供したいと考えています。そして、職員とは、給与や労働条件を変革するということで、その結果として、生涯賃金で31百万ポンドの減額になるということで、すでに、全体的な合意をしています。

私たちのねらいは、“弾力性に富み、工夫する力のあるコーンウォール“を創ること、“コミュニティ強固な場所、最も傷つきやすいものが守られる場所”を創るというところにあります。

8 住民との協議

こうした戦略は指導的な文書となり、予算案の内容にも反映されました。

以前は、予算案は密室でつくられ、議員や住民は最後の段階でしかそれを見ることができませんでした。しかし、これは正しいアプローチではありません。私たちはこのように考え、これまで見られなかったような公開協議に乗り出しました。

2014年の事例でみてみますと、予算案は、コーンウォールの閣僚助言委員会（PAC）で、議員によって詳細に検討されただけではなく、県職員によっても検討され、さらには、コーンウォールの各地で開かれた協議会で1,000人を超える住民によっても検討されました。また、100人を超える住民が、県のウェブサイトを使い、図書館に備えられているコメント書式を使い、あるいは郵便などで、意見を言ってきました。コーンウォールの内閣の各閣僚は、このようにして示された全部で1,499のコメントや提言を検討しました。その結果、多数の提言が予算の修正案に組み込まれ、2014年11月5日に開かれた閣議に、その修正予算案が提出されました。

この修正案で修正された主なものは、次のようなものでした。

＊高齢者のケア予算を増額しました。これは、最も傷つきやすい人々（高齢者）に対するサービスを守るためです。

＊ビジネス・レイト（地方譲与税；企業や商店に対する資産税）を

支払っている企業などが慈善事業や非営利組織に寄付をすると、ビジネス・レイトを安くするという制度があります。2017年度にはビジネス・レイトを80万ポンド減額するとしていましたが、それを40万ポンドの減額に修正しました。これにより、コーンウォールの傷つきやすい人々のために活動している慈善団体などが受ける影響は小さくなりました。

＊予算案の原案では、学童が通学路で道路を横断するのを助けるという意図のもとに、学童十字路パトロール（School Crossing Patrols）が計上されていましたが、これが削られるべきだということになりました。ただし、もっと時間をかけて、学童の危険がどれだけあるかを包括的に評価してから、最終的な決定をすることになっています。

＊構造的な変革をするには時間がかかり、また、サービスを提供する新しいモデルを開発するにも時間がかかります。そのため、予算の保留を認めることになりました。これにより、たとえば、図書館をどのように運営していくかに関して、町（もしくはパリッシュ）と協力して、いろいろ代替案を検討できるようになるはずです。

9 本会議で４年間予算可決（11月25日）

コーンウォールの内閣は、この修正した予算案を、11月の本会議にかけると決定しました。これまでは、予算の審議は２月議会で行われていたのですが、内閣は、２月を待たずに11月の本会議の審議にかけたのです。これには、来年度（2015年度）の経費削減を、年度内に完全に履行しようという意図がありました。もし、「内閣」が例年のように２月の本会議まで待っていれば、私たちはおよそ８百万ポンドの経費削減を次年度に持ち越さなければならないということになるのです。

この4年間の戦略的な予算案は、よき計画、よき予算であり、現実的であるといえるでしょう。しかし、コーンウォール県は196百万ポンドの支出を削減しなければならないという事実から逃げることはできません。これは、これからの4年間、毎日、およそ13万ポンドの削減をするという計算になるのですよ！

この衝撃はきっと大きいことでしょう。もっと引きしまった組織をつくるということは、たとえば、1,000人の職員が職を失うということを意味するのです。

2014年11月25日の火曜日、この戦略的な予算案が本会議に提出されました。本会議では、熱の入った議論となり、6時間も続きました。この予算案を提案するにあたって、“リーダー”は彼の立場を、次のように、うまく説明していました。

「私は、このぞっとするような状況のもとで、何の楽しみもなく、喜びもなく、嫌気だけはたくさんあったにもかかわらず、成すべきことを成し遂げたということに誇りを持って、この予算案を提出します」。

この本会議の1週間前に、野党である労働党に所属する7人の議員が、「4年予算」は2017年の選挙で選ばれる次の議会を拘束することになるという批判を、すべての議員にメールで送りつけてきました。しかし、長期間の詳細な計画により、次のヨーロッパ事業（European Programme）で提供される機会を、コーンウォールは最大限に利用できることになりますし、また、町議会（もしくはパリッシュ議会）やボランタリー組織との協働もやりやすくなります。さらに、長期的なアプローチによって、現金の流出入をスムーズにできるようになり、その結果、時間の余裕を持ってサービスを変えることができるようになりますし、収入をもたらす事業も効果が出るはずです。1年間の予算には、こういう特典はないでしょう。

10 投票

投票日、それは、本当に暗い１日でした。私がコーンウォール県議の選挙に立候補したのは、小さな子供を持った母親の意見を代表しようと思ったからです。私の父親は、コーンウォールの青年団のリーダーとして働き、若い人たちを支援しなければならないと信じていました。私は、この父とともに、ユース・クラブのすばらしい仕事の事例を見ながら育ちました。しかし、今度の予算案は、コーンウォール県が若い人々全般に対するサービスから身を引き、代わりに、特定の、援護が必要な若い人にターゲットを絞って、支援しようというものです。したがって、私が予算案を支持する投票をすれば、父が信じていた若い人に対する資金援助を止めるということになりかねません。

それはともかく、6時間にわたるマラソン会議の後、予算案は投票に付されました。結果は、賛成69票、反対19票、棄権19票でした。

11 波乱に満ちた予算？

こうして、「4年予算」が成立しました。しかし、これでうまくいくのでしょうか？　まだまだ、どうなるか分かりません。予算では、特別収入が計上されていますが、これが29百万ポンドほど高すぎるともいえます。収入をはかることによって、サービスを守るのは必要ですし、いまはそれを提案するべき時期だということは確かです。また、それで住民の意識を喚起することも必要でしょう。しかし、収入を生み出す見積もりは、本当に実現できるのでしょうか？　実現できるとしても、予算の提案よりも、もっと時間がかかるのではないでしょうか…不安の種が尽きません。

また、高齢者ケアの予算も心配です。これを実現するには、長い過程が必要ですし、ケアや健康に関する社会の考え方が変わることも必要だと思えます。その上、ケア・サービスの需要が高まっていますので、高齢者ケアへのプレッシャーがもっと強くなるかもしれません。

予算に含まれている経費削減を実現するには、抜本的な組織の変革、サービスの変革が必要です。一方、県当局は“これまで通りのサービス”を提供する組織ですから、うまくいくのかどうか、心配です。そして、多くの経費削減が、健康保健機構や町（パリッシュ）、あるいはコミュニティとの協働によって生み出されることになっています。しかし、計画段階では話し合いがついたものの、いざ、実現ということになると、うまくいかない可能性もありますし、時間がかかるかもしれません。

12 事業計画

4年間にわたるコーンウォール県の戦略的予算を実現するためには、個々のサービスについて、もっと具体的な実行計画、すなわち、サービス・プランをつくる必要がありますが、いま、これをつくっているところです。この作業は、来年（2015年）2月末までに終ることにしています。

財政上の、そして組織上の拘束のなかで、「4年予算」をどのように実現していくか。その実行活動とアプローチの仕方を言葉で決めるのが事業計画です。

事業計画は、私たちの“変革への旅”を、次のように、示しています。

第1段階；計画そして資金を確保するための事業計画。予算はここに含まれます。

第2段階；システムと構造の変革、そして、実践。

第3段階；見直し、修正。

第４段階；実現。

私たちは、いま、この第１段階の最後のステージを旅行中ですが、いよいよ、第２段階に乗り出そうというところです。

13 未来に向かって！

いま、私たちイギリスの地方自治体は中央政府から支給される交付金が急激に削減されるという事態に直面しています。その削減レベルから見て、将来、カウンシル・タックス（地方税）と、企業などに課税されるビジネス・レイト（地方譲与税）が、地方自治体の主要な財源になることは明らかです。これは、カウンシル・タックスが引き上げられるということを意味します。カウンシル・タックスは、日本でいえば、住宅に課税される固定資産税に相当するものですから、住宅が増えれば、自治体のサービスのレベルが上がるということになります。また、ビジネス・レイトとの関連で、企業が増えることが重要になりますから、企業への支援も重要になるでしょう。

コーンウォールにとって、EU 資金の次のラウンドも非常に重要です。前回のラウンドでは、私たちは、EU 資金で、コーンウォールの企業の改善、技術の改善、インフラの改善をはかり、強力で弾力的なコーンウォールをつくりたいと期待していました。しかし、うまくいきませんでした。今度は、コーンウォールは EU プログラムの資金投資に見合う 50 百万ポンドの借金を計画しています。巨額の支出カットという厳しい状況のなかで、コーンウォール県は将来の地域経済を健康的なものにしようとしているのです。

ところで、最後に、皆さんは、「4 年予算」で私がどちらに投票したか、疑問に思っているのではないでしょうか？

私の票は、69 票の賛成票のなかの１票でした。いやいやでしたが…。この予算が通過した結果、ユース・クラブ活動に投入されていた県の資金は大幅に削られることになるでしょう。"ごめんなさい、お父さん！"。しかし、いまの状況のもとでは、この予算がベストだと、私は信じています。また、ほかの分野で、県は、これまでの若者に対する支援よりも、もっと生き生きとしたかかわり合いを持つことができると考えています。さらに、ボランタリー・グループや町（パリッシュ）が、この県の後退を埋めることができるはずです。その上、ボランティアや慈善団体を県が援助するための適切で強固な方法がありますし、それを確実にする助けを、私が提供することができます。このことに、私は少し誇りを感じていますが、ともかく、ボランティアや慈善団体がそれで活発になっていけば、将来、ユース活動も盛んになるでしょう。

注

5　ノース・イースト地方をビジネスの立地や投資の最適の場所にするために、そして、それによって、雇用の場を増やし、生活水準を高めるために、この地方の7つの自治体（Durham County、Northumberland、Newcastle City council、Gates head Councilなど）によって、2014年4月15日に結成された連合体。この連合体で、交通や経済開発の戦略計画をつくり、イギリス政府や企業、投資家などに働きかける。

6　デボルーションの意味については、第2章第3節を参照して下さい。

第６節　とうとうカウンシル・タックス引き上げへ

1 地方税（カウンシル・タックス）引き上げを可決！

2015年2月15日に開かれたコーンウォール県の本会議で、私たち議員は、2015年度の地方税（カウンシル・タックス）を1.97%引き上げることに賛成しました。これにより、住民は、近いうちに、2015年度に納める税額の通知を受けることになりますが、この1.97%という数字はどのようにして出てきたのでしょうか。これは、前年度の数字が決められた直後から始まった複雑なプロセスの結果ですが、ここでこのプロセスの解説をしたいと思います。

予算の制定過程については、前回、「4年予算の作成」というテーマで説明しました。その後、読者の方から、予算編成の仕方をもう少し詳しく解説して欲しいという要望がありましたので、今回、議員の働きや住民の影響を織り交ぜながら、もう少し詳しく解説したいと思います。しかし、説明の都合上、どうしても前回と重複する部分が出てきます。ご了承下さい。

2 ギャップに注意！

コーンウォール県の地方税は、前に説明しましたように、一種類しかありません。カウンシル・タックスという税金です。ごく簡単に言えば、コーンウォール県がその運営に必要とする資金と、コーンウォール県が手に入れると予測できる資金、この差額（ギャップ）がカウンシル・タックスとなります。言い換えれば、コーンウォール県の支出に対する収入の不足分。これをカウンシル・タックスとして徴収しなければならないわけです。2014年度の不足分は223百万ポンドでした。

	(百万ポンド)
総支出	1,146
総収入	923
カウンシル・タックス	223

しかし…2012年に、中央政府は、地方自治体がもっと節約し、細身になるように仕向けるという意図のもとに、地方税引き上げの上限を定めました。地方自治体は、その上限を上回る増税をするには、住民投票を行わなければならないことになったのです。現在の上限は2%。それ以上の引き上げをするには、コーンウォール県の住民にそれを認めるかどうかを問う住民投票をしなければなりません。この住民投票をするのに、どれだけの経費がかかるでしょうか。正確には誰も知りませんが、25万ポンドから45万ポンドくらいはかかるのではないかといわれています。確かなのは、この住民投票を実施する地方自治体がその経費を負担しなければならないということです。

しかも、いま、イギリスの人々の生活が大変苦しくなっています。住宅費や食費あるいは電気代や水道代が上がり、その一方では、賃金が停滞しています。そのような生活のなかで、人々は、カウンシル・タックスの引き上げを望むでしょうか。そもそも、引き上げに応じることができるでしょうか。たとえ、増税の目的が高齢者など弱い人々に対するサービスを維持するためであるとしても、多くの住民は、増税に賛成しないでしょう。要するに、住民投票をしても、勝ち目はありません。コーンウォール県は、出費を減らす以外に、道はないというわけです。

事実、2%上限が数年前に定められて以来、住民投票を実施しようとした自治体はありません。しかし、将来も、こういう傾向が続くかどうかということになりますと、あるいは、状況が変わるかもしれません。

3 将来は2%以上の引き上げ？

中央政府から地方自治体に交付される財源（交付金）が、年々、削減されてきました。2011年に30%の削減が始まり、それ以後、さらに削減が増えています。このため、たとえばコーンウォール県の場合、ここ4年間で、170百万ポンドの経費の節減をしてきたのです。

昨年、政府は、今年度（2014年度）の交付金をさらに1%削減すると発表しました。これは、高齢者ケアの経費が増えていることもあって、コーンウォール県が、今年度、さらに40百万ポンドの経費節減をしなければならなくなったということを意味します。

こういう状況のもとで、自治体の間では、人員削減や合理化など、事務処理上でできる節減はすべてやり終えたという雰囲気が漂っています。2%以上の増税をしないということであれば、いよいよ、サービスの切り捨てしかないというわけです。

自治体のなかには、弱者に対するサービスを維持するために、あえて住民投票に挑戦するところが出てくるかも知れません。事実、ロンドンの南方に位置するブライトン（Brighton）という市の市議会で、「緑の党」(Green Party）の議員達がカウンシル・タックスを5.9%引き上げるという提案をしました。政府の交付金が今年18百万ポンド削減されることになり、「高齢者向けのサービスを維持するためには、どうしても5.9%の増税が必要だ」というのです。ブライトン市議会では、2月の終わりに、この「緑の党」の提案をめぐって、6時間以上の議論をしたそうですが、決着がつかず、3月に入ってから改めて議論をすることになったと聞いています。

コーンウォール県でも、それぞれの政党のリーダーが、2%以上の増税をし、住民投票をする気持ちがあるかどうかを探るために、昨年(2014年)の4月の末から、各政党の所属議員と話し合ってきました。結果は、住民投票で勝つ自信がなく、支出の削減で交付金カットにあたるしかないということに、暗黙の承認をしたようです。

これは、予算案の計算をする職員の仕事を非常に難しいものにしています。政府の交付金がどれだけ削減されるかを見積もった上で、経費を削減する額を計算し、それから、不足分を地方税で補填するために、地方税の引き上げ額を計算するという仕事をしなければならないのです。また、この不足分が232百万ポンド(2014年度に地方税を2%引き上げたときの地方税額)を上回っていれば、もう一度、経費削減のところに戻り、更に経費を削減する分野を探さなければならないということになります。

4 中央政府の交付金は?

自治体の運営に必要な地方税の額を見積もるのは職員の仕事です。この見積もりをするには、中央政府の財政計画がどうなっているかを知る必要があります。自治体が使っている財源のほとんどは、中央政府の交付金なのです。コーンウォール県の場合でいえば、カウンシル・タックスによる収入は、いまのところ、全体のたったの19%しかありません。

したがって、県の財政担当の職員は、何はともあれ、中央政府の財政計画を十分に理解するということから、予算案の策定作業に入っていきます。そして、先ず調べるのは、中央政府の『概括支出展望』(Comprehensive Spending Review)です。この『展望』では、中央政府の省庁が一定期間内に使うことのできる最大限を示し、それが各省庁に割り振られるということになっています。この展望及び割り振りは、従来は、年度ごとに行われていましたが、1997年以後は、3年周期で行われています。現在の『概括支出展望』は2013年6月に作成されたものです。これは、2015年度の政府の支出を定めています。

このように『概括支出展望』は基本的な枠組みを定めていますが、しかし、地方自治体の財政担当者は、毎年3月に財務大臣（Chancellor of the Exchequer）によって公表される予算（Budget）を待っています。この予算は、イギリスの経済・財政計画を定めるものです。また、財務大臣は年末（12月）に「オータム・ステートメント」(声明)を出します。これは、政府各省の課税計画、支出計画の修正版です。

しかし、自治体の財政担当者にとっては、もっと重要なものがあります。年度毎に、中央政府が地方自治体にどれだけの財源を交付するかを定める『地方財政決済』(Local Government Finance Settlement)が、それです。この『地方財政決済』の最終的な数字は、毎年、2月に公表されますが、前年の12月に、暫定的な数字が示されます。そして、その後、地方自治体との協議を経て、最終的な数字となるのです。

したがって、コーンウォール県の財政担当者は、中央政府から公表されたこれらの財政資料を分析した上で、今年度（2015年度）のカウンシル・タックスの額を2月に設定するということになります。

5　経費の節減

こうした作業と並行して、財政担当者は、コーンウォール県の支出のニーズを検討・分析するためのデータも集めます。2014年の初めに、財政担当者は、さらなる経費節減が必要だと認め、コーンウォール県の行政の責任者である県の「内閣」(Cabinet）に報告書を提出しました。2014年2月に提出されたこの報告は、2018年度末までに、196百万ポンドの経費節減をしなければならないというものでした。

2011年に、中央政府が地方自治体に対する交付金を30%削減すると宣言して以来、コーンウォール県は170百万ポンドの経費節減をはかってきました。しかし、それを上回る節減がさらに必要となったのです。財政担当者は、財政を安定させるためには、1年間の予算ではなく、4年間の予算を組む必要があるのではないかと言ってきました。

それが如何に重要なことか。「内閣」をひきいるコーンウォール県のリーダー（John Pollard）は十分に認識したようです。さっそく、コーンウォール県を9カ所の地域に分かち、それぞれの地域で、その地域から選出されている県議と話し合いをはじめました。私は、私自身の選出地域であるコーンウォール南東部の会合に出かけ、そこで、リーダーと職員のトップである事務総長、そして、この地域から選出されている同僚議員15人と、政策の優先順位を決める戦略計画について話し合いました。この話し合いについては、第2章5節でかなり詳しく書きましたので、それをご覧下さい。

6 政策助言委員会

コーンウォール県議会には、「内閣」(Cabinet) の閣僚に対して、助言し、政策を詳しく調べる10の「政策助言委員会」(Policy Advisory Committee；PAC) があります。「内閣」のメンバー（閣僚）ももちろん議員ですが、「政策助言委員会」は、これらの閣僚を除いた議員、それぞれ10人で構成されています。

行政サービスの経費をどのように削減するかは、「内閣」が財政担当委員の提案にもとづいて検討します。そして、この検討の結果、「内閣」がひとまず作成した提案、すなわち、個々の行政サービスについてどれだけ経費を削減するかという「内閣」の最初の案が、昨年8月、10の「政策委員会」に示されました。「内閣」の当初案の段階で、「政策助言委員会」がそれを批判し、代替案を提案できるようになったわけです。

経費削減案の規模の大きさに直面した議員は、それぞれが所属する「政策助言委員会」で激しい意見をぶつけ合いました。経費の削減は、すべての分野で、提案されていました。高齢者など、精神的、肉体的を問わずあらゆる弱者に対するサービスの経費ですら、削減されることになっていたのです。最初は、自然な現象といえるでしょうが、それぞれの「政策助言委員会」はそれぞれが管轄する分野のサービスを守ろうとしました。しかし、徐々に、これでは駄目だと気づくようになり、サービスの優先順位をしっかりと見定めることができるようになりました。私も含めて多くの議員が複数の「政策助言委員会」に所属していることもあって、いろいろな政策分野について多元的に考えるようになりました。そのため、激しい議論の応酬がありましたが、最終的には、苦渋の結果、「内閣」が予算案を公表できました。

7 予算案に対する住民のコメント

2015年度の予算案は、2014年10月に提案されました。(これまでは2月議会に提案されていたのですが、これを早めたのです)。この予算案は、次の4つのカギとなる分野に焦点を当てるものでした。

・人件費を削減するために、職員との共同作業；
さらなる職員のリストラ、行政サービス供給のニュー・モデルや独立採算機構への職員の移動など。

・行政サービス供給のニュー・モデル；
保健サービスと高齢者ケアの統合、町（パリッシュ）あるいはボランティア団体などへの図書館などの移管、文化や観光などの行政サービスを担当してもらう提携機構の創設、駐車場などのサービス委託、等々。

・事務処理の改善；
ディジタルやウェブサイトによるサービスの提供、ITなどの分野での行政コストの削減、パートナーとの建物の共同使用など。

・収入の増大策；

認可（許可）や計画、ごみなどの分野での商業的アプローチの検討。

そして、コーンウォール県は、この予算案について、住民、パートナーとなる組織、職員の意見を求めました。経費を削減できるもっと良いアイデアがあれば、教えて欲しいと要請したのはもちろんです。町議会やパリッシュ議会も、コーンウォール県から、予算案についてのコメントを求める手紙を受け取りました。私は、コーンウォール県議会の議員であると同時に、ソルタッシュ町の議員でもありますが、この町に、予算案の手紙が届き、それについて、町議会で真剣に議論しあったことを思い出します。町議会の議員は、このとき、はじめて、コーンウォール県がどれだけの経費を削減しなければならないかを実感したのです。この予算案では、さまざまな行政サービスのカットが示されていましたから、それをみたソルタッシュ町の議員は、それらのサービスのどれを、町として引き受けるべきか、考えるようになりました。

財政を担当する「内閣」の閣僚は、10月にコーンウォールの各地を回り、19カ所で誰でも参加できる住民との公聴会を開きました。住民は、また、オンラインで意見を表明し、どんな提案でもすることができました。

9月30日には、県庁に、県のパートナーとなる組織を招待するというイベントを開き、公開の、そして広範囲の意見の交換をしました。このイベントに参加した人々の反応は、県がその立場を適切に説明してくれたというものでした。

このように、19カ所で開いた公聴会、また、県内10カ所で開いたパートナー組織との協議に参加した1,000人を超える人々によって、予算案が検討され、いろいろな意見が表明されました。このほか、ウェブサイト経由で、また、図書館やワン・ストップ・ショップ（県民相談室）に備え付けのコメント用紙を使って、あるいは、郵便で、数百人の住民からコメントが寄せられました。これらのコメントは全部で1,499ありましたが、それを分析し、検討したのは、もちろん、「内閣」のメンバーたちでした。

これらのコメントのなかで多かったものを整理しますと、次の表のようになります。

これらの住民や関係組織からのコメントにもとづき、「内閣」が予算案を修正したのはいうまでもありません。この修正については、各議員が個々に相談を受けました。その上で、「政策助言委員会」は、再度、集まりました。「内閣」が示した修正案を委員会として検討し、助言するためです。

たとえば、私は「青少年に関する政策助言員会」(Policy Advisory Committee for Children and Young People）の一員ですが、その委員会に示された「内閣」の当初の予算案では、若者の地域組織に対す

住民の予算案に対するコメント

	種　　類	コメント数
1	弱者へのサポートは重要である。	90
2	道路、交通は重要である。	72
3	サービスの移管 (町やパリッシュが処理できるかどうか不安)。	67
4	職員数の削減、職員経費の削減をはかるべきである。	61
5	効率をあげるべきである。	58
6	経費節減の衝撃が住民の生活を損ないか、心配である。	50
7	カウンシル・タックス (セカンド・ハウスの税レベルを上げるべきではないか)	48
8	観光事業 (コーンウォールにとって観光は重要であり、観光事業をもっと育成すべきである) (観光税を導入してはどうか？)	44
9	コミュニティーには図書館は重要なサービスである。	36
10	青少年のためのサービスは重要である。	34
11	議員の数を減らすべきである。	33
12	政府の資金がコーンウォールに公平に配分されるように、ロビー活動をするべきである。 交付金の削減を受け入れるべきではない。	29

る助成金が全額カットされることになっていました。そのため、この委員会のメンバーは、あまりにも極端で、それに反発する地域があるだろうと批判したものです。住民のなかにも、上に述べたように、若者に対するサービスの保護が重要だとコメントするものが多くいました。そのためでしょう。修正案では、若者の地域組織に対する助成金カットは削除されていました。

8 予算の確定

この予算の修正案は11月5日に開かれた「内閣」の閣議で審議されました。閣議はすべて住民に公開されていますし、閣僚でない議員も出席することができます。もちろん、閣議で議論が行われます。しかし、この閣議の前に、職員の見積もりにもとづき、(この見積もりについては、ほとんどの議員が支持していました)、完全な予算案の資料がつくられていたことは確かです。そして、この修正予算案は閣議で承認され、それから、11月22日の本会議にかけられました。

予算案の策定過程に全議員が参加してきましたが、しかし、「内閣」が提案した予算案が本会議を通過するかどうかは、本会議の当日になっても、まだ、はっきりとはしていませんでした。なにしろ、この予算は4年間の予算であり、その上、行政サービスの容赦ないカットをするものでしたので…。さらに、36人の議員が無所属の議員であるということも、予測を困難にしていました。これらの議員が賛成票を投じるか、反対票を投じるか、正確に予測することが難しかったからです。しかし、本会議では、6時間にわたって多くの議員が感動を呼ぶスピーチをした後、投票に付され、結局、賛成69票、反対21票、棄権19票で、予算案が承認されました。

9 カウンシル・タックスは町税も含む！

このようにして昨年（2014年）11月に設定された予算にもとづき、コーンウォール県議会は、今年（2015年）2月、カウンシル・タックスを1.97％引き上げると議決しました。4月から実施されますが、これにより、コーンウォールの平均的な住宅は、カウンシル・タックスが25ポンド引き上げられるということになります。

しかし、コーンウォールの住民は、この県税のほかに、次の図に見るように、他の税金も加えて、払わなければなりません。

コーンウォール県は、警察のためにも、また、町（あるいはパリッシュ）のためにも、税金を徴収していますので、コーンウォールの住民は、それを合わせたものをカウンシル・タックスとして納めなければならないのです。

私は、ソルタッシュ町議会の議員でもありますが、そのソルタッシュ町の場合、昨年の秋に、予算（支出）の審議をしました。町議会のそれぞれの委員会に、前年度の支出がどれだけあったか、それがどのように使われたかを示す財政資料が配られ、それをもとにして、審議をするのですが、議論が集中したのは、優先順位の高い事業についてでした。いままでのところ、中央政府は町やパリッシュの増税を制限していませんので、ソルタッシュ町は支出をカットするという難しい選択をする必要はありません。逆に町議会は、コーンウォール県がこの4月から廃止する行政サービスの一部を、県に代わって、引き受けるという決定もしました。たとえば、コーンウォール県は、この4月から、ユース・クラブへの財政支

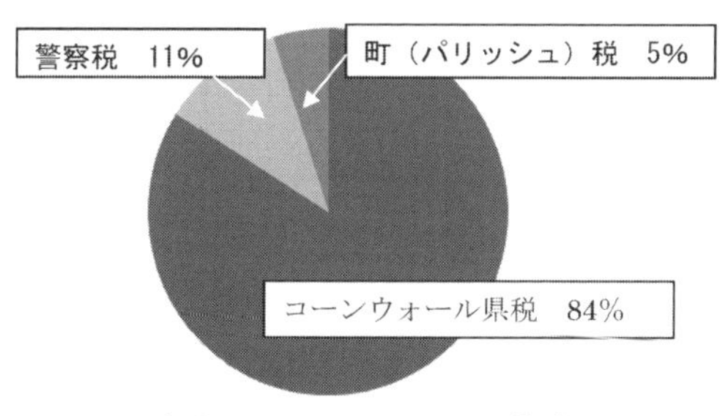

カウンシル・タックスの比率

援及びサービス提供を止めることにしています。しかし、ソルタッシュ町議会の議員はユース・クラブを継続する必要があると考え、ソルタッシュ町内での若者のために、40,000ポンドの新予算を可決しました。

ソルタッシュ町議会では、各委員会がそれぞれの予算案を作成し、「政策・財源委員会」(Policy & Resources Committee）に提出します。「政策・財源委員会」がそれをとりまとめ、調整し、全体的な予算の絵を描くというわけです。良きサービスを提供することは重要です。しかし、それと同時に、経費に見合った効果をあげなければなりません。「政策・財源委員会」は、こうした観点をもとに、各委員からの提案を吟味し、「政策・財源委員会」としての予算案をつくります。この予算案が、この2015年2月5日の本会議にかけられました。支出の総額は507,311ポンドでした（昨年は392,905ポンド）。収入もありますので、その収入額をさっ引きますと、ソルタッシュ町の住民のカウンシル・タックス（町税）が430,510ポンドに引き上げられるということを意味します。昨年の町税は平均で57.46ポンドでしたが、各世帯が平均82.71ポンドの町税を支払わなければならなくなったわけです。

コーンウォール全体のこのような町やパリッシュの税額はコーンウォール県に報告されます。ソルタッシュ町の事務長（Town Clerk）もこの町税の引き上げを報告したのはもちろんです。そして、2月17日の県議会の本会議で、私たち県議に、これらの町（パリッシュ）の課税額の全体像が示されました。ソルタッシュ町は、44%近い増税というように、大胆な税の引き上げをしましたが、ほかにも、多くの町やパリッシュで税が引き上げられていました。平均して、11.46%の引き上げでした。中央政府は、近い将来、町やパリッシュの税引き上げを制限することになるだろうという“うわさ”が流れています。ひょっとすると、今回が町税（パリッシュ税）引き上げの最後のチャンスだと考えた町（パリッシュ）が多かったのかも知れません。

10 予算編成のカギは“コミュニケーション”

予算を編成し、住民への課税額を決めるために、職員による膨大な数字の処理、公式の、あるいは非公式の議員討議の積み重ね…が行われていることが、お分かりいただけたでしょうか。また、中央政府の予算や財政計画を分析しなければなりませんが、そのためには、中央政府と良好なコミュニケーションをはからなければなりません。町議会やパリッシュ議会との良好なコミュニケーションも必要です。予算を編制し、住民のカウンシル・タックスを決める過程でのカギとなるのはコミュニケーションです。

第７節　コーンウォールの議会・議員は何をしているか？

1　コーンウォールの位置づけ？

2014年9月18日、スコットランドで住民投票が行われました。「スコットランドが独立国となるべきか否か？」の住民投票です。この住民投票での投票率は非常に高く、何と84.6%もありました。これは、普通選挙の導入以後の数字でいえば、イギリス（連合王国；United Kingdom）で行われた選挙・住民投票の最高記録です。投票の結果は、“反対”が2,001,926票で全体の55.3%。“賛成”票は1,617,989票で44.7%。“反対”の勝利で、スコットランドの独立はなりませんでした。

しかし、結果はともあれ、この住民投票の１週間前に、イギリス政府はスコットランドへのなお一層の“自治権移譲（devolution）”を大急ぎで約束しました。ですから、イギリス（連合王国）が再び元の状態に戻るということはありません。スコットランドは、これまで認められてきた“自治権”に加えて、課税や福祉の広範な“自治権”を約束されているのです。また、保健医療サービス機構（National Health Service）への最終発言権も、スコットランドに与えられることになっています。これを見て、ロンドンやウェールズなど、イギリスの他の地域も、中央政府からもっと自由を獲得したいという声が強まっています。もちろん、私が議員をしているコーンウォールでも、自治権を求める声が強くなりました。

右上の図を見て下さい。これは、昨年（2014年）の秋に、イギリ

スコットランドの国旗

ウェールズの国旗

イギリス（連合王国）の国旗

コーンウォールの旗

スのいくつかの新聞に掲載された合成写真ですが、ここに写っている人物は、もちろん、イギリスのキャメロン（David Cameron）首相です。その背景に写っているのは、世界的に有名なゲッティ社がつくった合成写真です。

この写真では、上の北の方に、スコットランドが青色に白い十字の旗で示され、左側の西の方に、ウェールズが赤い龍の旗で示されています。そして、その下に、イングランドが、イギリス連合王国の国旗であるユニオンジャックで示されています。

しかし現在は、そのイングランドの一部として位置づけられているコーンウォールが、このゲッティ・イメージの一番下の左側の突端部分に、黒地に白い十字の旗で示されているのです。お分かりでしょうか？

スコットランドやウェールズと同じように、コーンウォールは扱われているのです。

スコットランドの住民投票の後、コーンウォール選出のジョージ（Andrew George）国会議員が次のように発言していました。

「いまや、スコットランドやウェールズなどの国、そして、その他の地域（regions）は、イギリス連合王国の中央政府によって細部にわたり管理されるという圧迫感から解き放たれるべきであり、自分たち自身で公共サービスを決定・実施し、自分たちの未来をつくっていく権限と機会を与えられるべきであると、すべての政党が認めています」。

2 コーンウォールの“自治（Devolution）”

コーンウォールにとっては、まさに好機到来というわけです。しかし、本当に、コーンウォールが自治権を獲得できるのでしょうか？コーンウォールは、現在、私が所属している自民党の議員と無所属議員の連合で政権を構成していますが、その政権のリーダーであるジョーン・ポラード（John Pollard）議員は次のように言っています。

「われわれは、中央政府の指示に従ってお金を使い、コーンウォールの住民にサービスを提供するという、いまの方法を望んでいません。われわれは、われわれ自身で決定したいのです。コーンウォールは信念に従って決然と立ち上がり闘ってきたという誇り高い歴史を持っています。そのため、われわれは、この好機を利用し、われわれの未来を自分たちの手でつくっていきたいと決心しました」。

そして、彼は、自治権獲得のための中央政府へのロビー活動に向かって、強力なリーダーシップを発揮しました。

ポラード氏（リーダー）は、いまこそ、自治権を獲得できる時だと信じているわけですが、彼は、また、いまが自治権を獲得できる好機だというだけではなく、どうしても自治権を獲得する必要がある時だということも強調しています。前に説明しましたように、コーンウォールは今後４年間に196百万ポンドの経費を削減しなければなりませんが、この経費削減のためには、どうしても、いまとは違う方法で、自主的に住民にサービスを提供しなければならないというのです。ポラード氏の選択肢には、現状維持という方法はないということになります。

コーンウォールの他の議員も、ポラード氏と同じ趣旨のことを謳ってきました。たとえば、コーンウォールがロンドンから遠く離れている以上、もっと自立し、サービス提供の仕方も、財源獲得の仕方も、行政そのものの形も変えなければならないと、多くの議員が指摘しています。また、コーンウォールは通常の県と市の両方の機能を統合した独特の自治体、すなわち統一自治体（Unitary Authority；UA）です。このことからみても、他の県や市とは別の運営をするべきだと、多くの議員は考えています。

イギリスでは、2011年に、官民が協調してそれぞれの地方で職場を増やし、経済発展を目指すという目的をもって、地方事業協力機構（Local Enterprise Partnership；LEP）が設置されるようになりました。コーンウォールのこの機構（LEP）の管轄区域は、コーンウォール県と同じです。これは、他の地域ではあまり見られない現象ですが、管轄区域が同じため、このLEPを自治権拡大の媒介として活用できるはずです。

昨年（2014年）末、県の“リーダー”であるポラード氏はコーンウォール県の幹部職員と連れだって、私たちコーンウォール県議会の委員会にやってきました。議員と協議し、「自治権移譲契約（Devolution Deal）」の草案作成に取り組むためです。コーンウォール県議会には123人の議員がいますから、もちろん、さまざまな意見がありました。たとえば、コーンウォールの独立を望んでいるMebyon Kernow党は、ポラード氏の提案よりももっと強い自治権を主張しましたし、保守党の議員のなかには、いまの動きを心配している議員もいました。私たちがあまりにも多くのことを要求し過ぎており、しかも、急ぎすぎだというのです。また、草案は調整のとれていない雑多な項目の寄せ集めだと感じた議員もいたことでしょう。しかし、“リーダー”（ポラード氏）は多数の議員をうまく取りまとめました。2015年1月、本会議で草案の承認をとりつけ、各党から選出された議員をメンバーとする作業部会（working group）をスタートさせました。草案で示された骨格に肉付けをするためです。

3 『コーンウォールの主張（Case for Cornwall）』

この年（2015年）の3月、草案の完成版ができあがりました。32頁の文書で、『コーンウォールの主張』と名づけられ、その表紙は、コーンウォールのカラー、すなわち、コーンウォールの旗（黒地に白い十字の旗）の黒と白でいろどられています。

『コーンウォールの主張』の表紙

リーダー（ジョーン・ポラード氏）は、この時、次のように発言していました。

「この文書が、議員、住民、ビジネス界、政党との対話の出発点となり、それが中央政府とコーンウォールとの自治権移譲契約になっていくことを望んでいます」。

この文書のコピーをコーンウォールの各地に、また、全国的な政治グループに送りました。新聞、テレビ、ラジオその他のメディアでも取りあげてもらいました。そして、この文書に示した提案に対して、住民が意見をいえるように、文書のコピーと意見を書く文書のセットを図書館（情報センター）に備え、また、ネットでも意見を聴取できるようにしました。

この『コーンウォールの主張』の内容を少し紹介しておきたいと思います。

たとえば交通については、次のような説明と要請が示されています。

【背景】

　コーンウォールは農村地帯であり、住民の70％は農村地帯に住んでいる。収益につながらない道路が多い。このため、民間バス会社は、ここ数年、バスの運行路線、運行台数を減らすようになり、その結果、孤立する住民が増えている。さらに、コーンウォール県が修復・維持に責任を負っている道路は、幹線道路から田舎道まで、7,300km もある。

【要請】

・コーンウォールがバス会社の営業許可権をもち、長期にわたるバス輸送、その資金繰りを地方でコントロールできるようにしたい。
・道路維持のための基金を設立するために、燃料税のうち１リットル当たり２ペンス（年間で750万ポンドの見積もり）をコーンウォール県の収入としたい。

また、住宅については…

【背景】

低賃金がコーンウォールの大変な難題となっている。コーンウォールの給与レベルは非常に低く、2013年時点で、イギリス連合王国の平均給与の79%という状況である。それにもかかわらず、住宅の価格は高い。しかも、県外から別荘として物件を購入する傾向が多く、コーンウォール全域の4分の1近くのコミュニティでは、5軒に1軒が別荘という状況です。

コーンウォールの住宅の平均価格は、住民の平均給与（年俸）の8.4倍（イギリス全体では6.7倍）にもなっており、住宅の所有権を取得できない住民が多いという状況が課題です。

【要請】

・印紙税（Stamp Duty）の一部をコーンウォール県の収入としたい。印紙税は125,000ポンド以上の住宅を購入する際に支払われる税金である。現在は、この税はすべて中央政府のものとなっているが、その一部を留保し、住民が取得できる住宅の建設にまわし、また、コーンウォールの住宅市場の不均衡・不利益の是正に使いたい。

さらに、保健・ソーシャルケアについては…

【背景】

保健医療サービス機構（NHS）と地方自治体が提供する社会福祉サービスを統合する政策は、すべての政党に支持されているが、高齢者の増加に伴い、その緊急性も高まっている。コーンウォールは、中央政府によって、この政策のパイオニアに指定された14の自治体のひとつということもあって、この統合はある程度進んでいるが、これをもっと広範囲に、しかも急いで進めたいというのがコーンウォールの方針である。しかし、このコーンウォールの野心は、これと競合する中央政府の政策によって、また、NHSと地方自治体を拘束する規制によって妨げられている。コーンウォールは、75歳以上の住民の数がイングランドの平均よりもはるかに多く、この政策実施の緊急性が高い。

【要請】

・保健サービスとその予算に関する権限の強化。

・2012年に保健・ソーシャルケア法（Health and Social Care Act）が制定され、自治体が共同で保健医療サービス、ソーシャルケアサービスを行えるようになったが、この権限をもっと使いやすいようにして欲しい。

…等々といった具合です。

このような内容をもつ自治権獲得を進めるための文書、すなわち『コーンウォールの主張』の作成は終了しました。これで、いよいよ、自治権獲得交渉の始まりです。4月いっぱい、それから、5月、6月にも、非公式に中央政府の職員と会合を持ちました。また、住民と協議するためのイベントを行い、またさらに、利害関係者と討議しました。その雰囲気からみて、自治権獲得の見込みがありそうでした。その当時、国会での自民党のリーダーであったクレッグ氏（Nick Clegg）は次のように発言していたほどです。

「地方分権に向けて、いつ、行動をおこすべきでしょうか。いまが、まさに、その時です」。また、『コーンウォールの主張』の冒頭部分には、キャメロン首相の大胆な言葉が掲載されています。

「地方の裁量権がもっと大きくなり、地方で決定権がもっと行使されるようになれば、そして、地方レベルで財源が使われるようになれば、われわれは、いまよりもベターな成果を得ることができるようになるでしょう」。

4 2015年の総選挙—各党の自治権移譲の姿勢

このように、コーンウォールは自治権獲得に向けて順調に進み始めましたが、しかし、難関も待ちかまえていました。この年（2015年）の5月に総選挙が行われたのです。この総選挙よって、新しい政府が出現します。どの政党が政権を獲るにしても、自治権獲得というデリケートな交渉に、一体、何が起こるか、分かりません。

各党のマニフェストを見てみますと…。

労働党（Labour）は、マニフェストの各所で自治権移譲を表明していました。たとえば、バス運行に関して都市および県にもっと与えるとしていましたし、また、事業用の不動産に課税する国税（地方譲与税）のビジネスレイト（business rates）に関して、不動産価値の上昇に伴う税の増加分については、都市および県は100%自分のものにすることができるという記述もありました。

一方、自民党（Liberal Democrat）のマニフェストには、地方が観光をもっと進めることができるように、地方に財源や決定権を与えるという表明がありましたし、別の頁では、セカンドハウスに200%のカウンシル・タックス（地方税）を課するという表明もしていました。

ところが、キャメロン首相が率いる保守党（Conservative）のマニフェストは、あちこちで、首長の直接公選を力説し、また、都市部への権限移譲を示しているだけでした。たとえば、経済開発や交通、ソーシャルケアに関する権限の幅広い移譲を表明する箇所がありましたが、その対象は、公選市長を持つ大都市に限られていました。また、ビジネス・レイトの増加分を自治体は100%留保できるようにするという表明もありましたが、これも、ケンブリッジ、マンチェスター、チェシャー・イーストという都市部に対象が限られていました。

これまで、イングランドの27地域になにがしかの自治権が移譲されてきました。しかし、この27地域はすべて都市部です。私たちのコーンウォールのような農村部ではありません。

『コーンウォールの主張』の冒頭部分で、キャメロン首相の自治権移譲に関する発言を引用しましたが、この発言は2009年の発言で、しかも、キャメロン首相が実際に自治権を移譲してきたのは都市部だけです。この点を、総選挙を目の前にして、私たちは心配していました。

5　新キャメロン（保守党）政権の発足

それはともかくとして、2015年５月７日、総選挙が行われました。結果は保守党の圧勝でした。コーンウォールからは６人の議員が選出されていますが、前回の2010年の総選挙の時には、６議席のうち自民党が３議席獲得し、保守党は３議席だけでした。しかし、今回は６議席のすべてが保守党に占められました。

中央政権も、前回は保守党の議員が少なかったため、自民党との連合政権でした。今回は、保守党の圧勝を受けて、単独政権です。これは、コーンウォールの自治権獲得にどういう影響を及ぼすのでしょうか。

コーンウォール県議の選挙は、この時はありませんでした。したがって、コーンウォール県は、自民党と無所属の連合政権で、保守党は反対党（野党）になっています。これが、中央政府との自治権獲得交渉に影響を及ぼすかも知れません。

保守党の新政権発足後の５月から６月にかけて、コーンウォール県の内閣（構成メンバーは議員）と職員は、政府の職員・政治家と熱い交渉を重ねました。

そのすぐ後の７月８日。オズボーン（George Osborne）財務大臣から次のような公表がありました。「われわれは、コーンウォールの自治権を拡大する方向で計画を進めています」。

これを受けて、７月14日、臨時の本会議が開かれ、その本会議で、ジョーン・ポラード（John Pollard）リーダーが、私たち議員全員に、政府との「自治権移譲契約（Devolution Deal)」の草案をコピーして配布しました。各議員はそれぞれ独自の意見、さまざまな意見を持っています。その上、この審議が歴史的な瞬間だと認識していましたので、多くの議員が熱烈な発言をし、論争が展開されました。長い討論でした。しかし、最後の採決の段階では、議員の大半がこの「自治権移譲契約（Devolution Deal)」(案）を承認しました。この契約案によって、リーダーが中央政府と契約を交わしてもよいと、承認したのです。

保守党の議員もそれに賛成しました。が、労働党の議員、それに、イギリスのEUからの独立を主張しているイギリス独立党（UK Independence Party；UKIP）の議員は反対でした。

6 自治権移譲契約の締結のセレモニー

2日後の2015年7月16日、キャメロン首相とクラーク（Greg Clark）自治大臣がコーンウォールにやってきました。「自治権移譲契約」にサインするためです。これまでは、イングランド北部の中心的な都市が政府と「自治権移譲契約」を結ぶということはありましたが、農村部の自治体のなかでは、コーンウォールがはじめて「自治権移譲契約」にサインするということになります。また、包括的なコントロールの権限を、都市ではなく、県が持つようになるというのも初めてのことです。この契約により、自治権が移譲されますと、コーンウォール県は、毎年、県予算の数倍にあたる50億ポンド近くをコントロールできるようになるといわれています。

「この『自治権移譲契約』を結んだことは、素晴らしいニュースだ」。自治権が移譲されることによって、「地方の責任は大きくなり、地方がもっと自主的に動くようになり、地方がもっと民主的に運営されるようになる」。これは、コーンウォールのリーダーのジョーン・ポラードの発言です。

また、キャメロン首相は、「自治権移譲契約」への合意の際に、次

７月 17 日、「自治権移譲契約」に、クラーク自治大臣、ポラード・コーンウォール県会議員（リーダー）、地方事業協力機構（LEP）議長、保健医療サービス機構（NHS）支所長の４人がサイン。

のように発言しています。

「これは、コーンウォールに住んでいる人々、働いている人々へのシフト、すなわち、これらの人々に権限を移すことを目標としています。地方の人々により、優れた決定がさされるはずです」。

7 「自治権移譲契約」の内容は？

「自治権移譲契約」は実際にどのようなものなのでしょうか？（詳しい本文は、コーンウォールのホームページで見ることができます。参照；https://www.cornwall.gov.uk/media/13409340/20150715-cornwalldevolution-deal-final-reformattedpdf.pdf）

見出しの部分をいくつかとりあげてみますと…

・コーンウォールは、都市部以外の地域で、バス運行の免許権をもつ最初の自治体となる。政府は、また、この免許権に関連する中央の資金を地方交通に移すことに同意する。およそ５千万ポンドの交付になるが、これにより、バス、鉄道、フェリーのチケット、料金、時刻表を結びつけることができるようになる。

・政府は、保健とソーシャルケアの統合を段階的に進めていくことに同意する。

・コーンウォールにEUの中間団体の地位を付与する。そのため、事業（プロジェクト）に交付されるEUの資金603百万ポンドは、今後は、中央各省が配分するというよりは、むしろ、地方でその配分が決められるようになる。

・政府は、コーンウォールの地熱発電の開発に同意する。　…等々。

8 どのように素晴らしいのか？

「自治権委譲契約」の締結はまさに歴史的な瞬間です。しかし、リーダーが言うほど“素晴らしい”契約なのでしょうか？

政府の約束は、『コーンウォールの主張（Case for Cornwall)』で示されている要請と比べて、非常に限定されたものとなっています。たとえば、住宅に関する権限などは、除外されています。コーンウォールの内閣の構成員でプランニングに責任を負っているハナフォード（Edwina Hannaford）議員が、次のように、言っているほどです。

「この契約には多くの褒めるべきところもありますが、セカンドハウスに関する私たちの要請、すなわち、セカンドハウスに付加税を課する権限をコーンウォールに認めて欲しいという私たちの要請に、政府が応じなかったことに深く失望しています。この課税があれば、それを本当に手頃な値段の住宅の提供に、そして、それを支えるインフラの整備に使うことができたのですが…」。

また、『コーンウォールの主張』で強く要請されていた観光事業によって生み出される消費税（VAT）の一部をコーンウォール県に移譲するという要請についても、政府は何も約束してくれませんでした。ただ、コーンウォールの観光事業を支援する最上の方法を、文化・スポーツ省と話し合いたいという、あいまいな文章があるだけです。政府は、今後も、野心的な『コーンウォールの主張』を検討し続けてくれるのでしょうか？

ポラード氏（リーダー）は、「自治権の獲得に向かう長い旅のスタートなのだ」と言っています。また、キャメロン首相も、この契約はコーンウォールに権限を渡す最終のものではなく、政府はこれからも自治権の移譲に向けてコーンウォールの提案を聞いていくつもりだと話しています。さらに、「自治権移譲契約」のなかで、次のような記述もしています。

「政府は、コーンウォールがもっと幅広い権限移譲、たとえば、安い価格の住宅を提供するための権限やプランニングの権限を望んでいることは認識している。政府は、これからも、『コーンウォールの主張』で表明されている野心的な自治権移譲について、コーンウォールと協議を続けていくつもりである」。

9　コーンウォールには公選首長はいない！

わずかな自治権でも、何もないよりはましだ。大ざっぱいえば、これが７月 14 日の本会議の結論でした。私たちは何らかの自治権を望んでいました。そして、「自治権移譲契約」は何もないよりはまし、というわけです。私たち議員は、コーンウォールの職員の要である事務総長（Chief Executive）のことを意識していました。18 か月前に就任し、自治権獲得を進めてきたアンドリュー・カー（Andrew Kerr）事務総長が、彼の故郷であるエディンバラ（Edinburgh）に帰ってしまったのです。したがって、コーンウォールという要塞を暫定事務総長が守っている間に、「契約」交渉が展開されるのですから、中央政府とあまり強い交渉はできないということを理解していました。

また、コーンウォールの政治的状況は非常に不安定です。現在のコーンウォールは自民党と無所属議員の連合政権ですが、自民党の国会議員はこの前の総選挙で全員が閉め出されてしまったのです。さらに、キャメロン保守党政権は、公選首長に自治権を付与する傾向がありますが、コーンウォールは公選首長ではありませんし、「自治権移譲契約」も公選首長を要求していません。

これはポラード氏のリーダーシップが認められたからという人もいます。

こうした状況を考えれば、何もなかったよりは、事態は良くなったといえます。しかも政府は、さらなる自治権委譲に向けて、これからも討議を続けると約束してくれたのです。ただ、厳しい財政上の現実は残っています。地方主義とはいっても、財政的には、強力な中央政府に依存しており、しかも、中央政府はことを望むという現実です。

あとがき

（竹下　讓）

ヒラリーさんが議員となっているソルタッシュという町は、16世紀末に、当時のエリザベス女王によって、住民自らが治める“自治都市”の地位を認められ、町の首長には“メイヤー（Mayor）”という称号が与えられていた。こうした歴史があるために、ソルタッシュは現在でも格式のある町であるとされ、その長は、公式に“メイヤー”として位置づけられている。

ヒラリーさんが議員になる数年前、自治体議会政策学会の顧問であった並河信乃さんと一緒にイギリスに行き、ヒラリーさんの案内で、3週間ほど、イギリス各地の地方議会を調査して回ったことがある。その際、このソルタッシュ町も訪問した。この町では、議会を傍聴しただけではなく、当時の“メイヤー”から親しく話を聞くこともできたが、その“メイヤー”に圧倒されたという記憶がある。それだけ威厳があり、品位があった。これが歴史の重みかと感じ入ったところであったが、つい先日（2016年5月）、なんと、ヒラリーさんがこの“メイヤー”に就任したという知らせが入ったのである。

驚き、そして、嬉しくなり、すぐに、あちこちで自慢を始めたが、一方では、“メイヤー”という重責に彼女が堪えられるのかどうかという要らぬ心配もしている。もちろん、彼女の落ち着き、品性、知性、さらには、優しさと思いやりももっているということからみて、歴代のメイヤーに勝るとも劣らないメイヤーになると確信して

市長就任式にて

元市長からバッジを受けます

いるが…。メイヤーになるといっても、議員を辞めたわけではない。ソルタッシュ町のメイヤーには議員の１人が就任するのである。ヒラリーさんは、いまも、町の議員であり、さらに、県の議員でもある。

ところで、ヒラリーさんは、議員を目指していた人ではない。それどころか、イギリスの地方議会の仕組みも知らず、関心もなかった普通の女性であった。そのヒラリーさんが、ある時、町に「恩返し」するつもりで議員になったという。その後、どのような選挙活動をし、議員としてどのような活動をするようになったかという議員としての成長ぶりを、本書で生き生きと説明してくれている。本書を読んでくれた方々は、ヒラリーさんたち、地方議員が、住民とともにいろいろな活動をし、住民に身近な議会をつくっているだけではなく、その一方では、国を相手に自治権の獲得を目指して交渉し、国との“契約”という成果を勝ち取るという経緯を理解してくれたはずである。いわば地方議員は大変な潜在能力をもっていることに気づいてくれたのではないかと想像している。

もちろん、日本とイギリスでは、地方議会の権限や仕組みに若干の違いがあることは確かである。しかし、「住民の代表機関」としての議会の役割は同じであり、また議員の「住民の代表」としての本質に変わるところはない。ヒラリーさんは、普通の生活者として、２児の母親としての感性を持ち続け、たぐいまれな知性で「住民の代表」としての議会・議員のあり方を伝えてくれている。日本の議員は、また、住民も、これを参考にして、気安く参加できる議会、また、中央政府と対抗できるような議会を創ることができるのではないかと考えているが、これは妄想であろうか。

著者紹介

Hilary Frank

ヒラリー・フランク

コーンウォール県議・ソルタッシュ町議

1989年	ロンドン大学卒。
1989-90年	岡山県の国際交流員。
1990-96年	自治体国際化協会ロンドン事務所研究員。
1992-99年	長野オリンピック組織委員会事務総長特別補佐。
1999-2003年	FIFA2002年ワールドカップ日本組織委員会事務総長特別補佐。
2006年から	プリマス大学講師。
2010-14年	拓殖大学地方政治センター（在英）客員研究員
2011年-現在	ソルタッシュ町議会議員
2013年-現在	コーンウォール県議会議員
2015-16年度	ソルタッシュ副町長兼務
2016-17年度	ソルタッシュ町長兼務

監修　竹下　譲　たけした・ゆずる

1968年東北大大学院修了。

1967年より東京市政調査会主任研究員、拓殖大学教授、ロンドン大学客員教授、神奈川大学教授、四日市大学教授などを経て現在、四日市看護医療大学地域研究機構・地域政策研究センター長。

1998年から自治体議会政策学会会長として、全国の自治体議員の研修にあたる。三重県教育委員会委員長、拓殖大地方政治センター長など歴任。政治学博士。

著書に「地方議会　その現実と『改革』の方向」、「よくわかる世界の地方自治制度」、「パリッシュにみる自治の機能」など。

イギリスのママさん議員奮闘記
町議・県議として目指す地域の自立と幸せ

発行日　2016年6月27日
著　者　ヒラリー・フランク
監　修　竹下　譲
発行人　片岡　幸三
印刷所　倉敷印刷株式会社
発行所　**イマジン出版株式会社©**

〒112-0013　東京都文京区音羽1-5-8
電話　03-3942-2520　　FAX　03-3942-2623
HP　http://www.imagine-j.co.jp

ISBN978-4-87299-731-6　C0036　¥1700E